JUDITH WINDHORST

SCHLAU FÜRS LEBEN

ALLGEMEINWISSEN & LIFE-HACKS
FÜR TEENAGER

Alles, was dir
die Schule ver-
schweigt, aber
wirklich wichtig ist

Geld, Gesundheit, Technik, Medien,
Soziale Kompetenzen & vieles mehr

Inhaltsverzeichnis

1

Allgemeinwissen – Wozu brauche ich das?

In einer Welt, die sich schneller dreht als ein YouTube-Video, wo Informationen durch einen Fingertipp zugänglich sind und Wissen oft auf die Größe eines Tweets geschrumpft wird, stellst du dir möglicherweise die Frage: Allgemeinwissen – wozu brauche ich das überhaupt?

Stell dir vor, Allgemeinwissen wäre ein Schlüssel – nicht irgendeiner, sondern der Masterkey, der die Türen zu fast allem öffnet, was dich interessiert. Ziel ist nicht, bei „Wer wird Millionär?" zu gewinnen oder ein Streber zu sein, sondern weit mehr.

Dieses Buch nimmt dich mit auf eine Reise durch die Geschichte und die Gesellschaft, zeigt dir die Schönheit der Wissenschaften und der Technik. Du wirst entdecken, dass Finanzen mehr sind als nur Taschengeld, wie Medien Meinung machen und wie Literatur, Kunst und kulturelle Vielfalt uns befähigen, über den Tellerrand hinauszudenken. Gemeinsam finden wir heraus, wie ein gesundes und soziales Leben aussehen kann, und wir setzen uns mit unserem blauen Planeten auseinander.

 Vergiss nicht, dass auch Reisen (sowohl real als auch virtuell) und das Erlernen neuer Fähigkeiten dein Verständnis der Welt erweitern können.

Sei clever und mach dich schlau

In einer Ära, in der Smartphones uns schneller Antworten liefern, als wir Fragen stellen können, kommt es einem oft unnötig vor, sich mit dem Sammeln von Allgemeinwissen zu beschäftigen. Aber halt! Bevor du weiter scrollst, lass uns gemeinsam einen Blick darauf werfen, warum Allgemeinwissen dein stärkstes Tool im Rucksack des Lebens sein kann.

Verstehen, nicht nur wissen

Es ist eine Sache, Fakten zu kennen, und eine ganz andere, sie zu verstehen. Allgemeinwissen geht über das bloße Auswendiglernen von Daten hinaus. Es geht darum, Verbindungen herzustellen. Du weißt, dass der Amazonas der längste Fluss der Welt ist, aber verstehst du auch, welche Rolle er im globalen Ökosystem spielt? Wenn du anfängst, das „Warum" hinter dem „Was" zu verstehen, öffnest du eine Tür zu tieferem Wissen und echtem Verständnis.

Kritisches Denken fördern

In einer Welt voller Informationen – und leider auch Desinformationen – ist kritisches Denken wichtiger denn je. Durch das Erlernen und Verarbeiten von Allgemeinwissen entwickelst du die Fähigkeit, Informationen zu hinterfragen, Quellen zu überprüfen und selbstständig Schlüsse zu ziehen. Diese Skills sind unerlässlich, um nicht nur in der Schule erfolgreich zu sein.

Bessere Kommunikationsfähigkeiten

Je mehr du weißt, desto mehr kannst du teilen. Allgemeinwissen erweitert nicht nur deinen Horizont, sondern verbessert auch deine Kommunikationsfähigkeiten. Es ermöglicht dir, an Gesprächen über eine Vielzahl von Themen teilzunehmen, deine Argumente mit Fakten zu untermauern und interessante Geschichten zu erzählen.

Selbstvertrauen stärken

Wissen ist Macht, und mit Macht kommt Selbstvertrauen. Wenn du dich in vielen Bereichen auskennst, fühlst du dich sicherer in Diskussionen, bei Präsentationen oder einfach beim Ausdrücken deiner Meinung.

Also, warum Allgemeinwissen? Weil es dich stärkt, in einer Welt voller Informationen nicht nur Teilnehmer, sondern Gestalter zu sein. Bist du bereit, deine Entdeckungsreise zu beginnen? Dann lass uns gemeinsam in eine Welt eintauchen, die so abwechslungsreich ist wie das Leben selbst.

Starte deine Entdeckungsreise

Willkommen auf deiner persönlichen Entdeckungsreise in die Welt des Wissens! Dieses Buch ist dein Kompass, der dich durch das weite Meer an Informationen navigiert und dir zeigt, wie du das Gelernte nicht nur verstehst, sondern auch anwendest. Und das geht so:

- Jedes Kapitel beginnt mit einer spannenden realen Story.
- Nun bekommst du fundiertes Wissen zu dem Thema. Dabei werden die wichtigsten Fakten, Konzepte und Ideen abgedeckt, immer mit dem Ziel, dein Verständnis zu vertiefen.
- In jedem Kapitel wartet ein Quiz auf dich, mit dem du dein Wissen testen kannst.
- Ein besonderes Highlight ist der Projektplan mit kreativen und unterhaltsamen Ideen zum Ausprobieren und Tüfteln.
- Abschließend wird dir ein Rätsel gestellt, dessen Antwort du im jeweils nächsten Kapitel finden wirst.

Dieses Buch richtet sich an dich, wenn du nicht nur Spaß am Lernen hast, sondern auch aktiv deine Zukunft gestalten möchtest. Du findest darin eine spannende Auswahl an Themen, die speziell für Entdecker wie dich interessant sind. Dabei wirst du das ein oder andere Mal auf Begriffe stoßen, die dir so gar nix sagen.

Es ist völlig in Ordnung, wenn du mal ein Wort oder Thema nicht verstehst. Jeder stößt gelegentlich auf Sachen, die ihm unbekannt sind, egal ob man erst wenig oder schon viel gelesen hat. Das ist ein ganz normaler Teil des Lernens und des Lesens. Wenn das passiert, kannst du das Glossar ganz am Ende des Buches benutzen, um nachzuschlagen und die Bedeutung eines Wortes herauszufinden. Das verbessert nicht nur dein Verständnis des aktuellen Textes, sondern erweitert auch deinen Wortschatz. Außerdem kannst du selbst aktiv werden und beispielsweise deine Freunde oder Eltern fragen. Oder die KI, Wikipedia oder das Internet im Allgemeinen. Also, keine Sorge, es ist vollkommen okay, Fragen zu haben oder Hilfe zu suchen, wenn du ein Wort nicht kennst oder ein Thema schwierig ist. Das zeigt, dass du dabei bist, zu lernen und dich zu verbessern!

 Ein *Glossar* ist wie ein Mini-Wörterbuch, das speziell dafür gemacht ist, dir zu helfen, genau die Wörter zu klären, die in einem Buch oder zu einem Thema wichtig sind. Es besteht aus einer Liste von Begriffen und deren Definitionen und hilft dir, die Bedeutung spezifischer Wörter oder Fachausdrücke zu verstehen, die innerhalb des Textes verwendet werden.

Jeden Tag hast du die Chance, etwas Neues zu lernen. Sei neugierig, stelle Fragen und suche nach Antworten. Dein Gehirn wird dir dankbar sein und du wirst staunen, wie sich Türen öffnen, von denen du nicht einmal wusstest, dass sie existieren. Mach dich schlau, sei clever und starte jetzt deine Reise ins Reich des Wissens!

Rätsel

Kennst du das auch: Der nächste Mathe-Test steht an, nur noch zwei Tage zum Lernen und … es geht einfach nichts in deinen Kopf rein. Obwohl du schon stundenlang dabei sitzt. Ständig guckst du auf dein Handy, ob es darauf etwas Spannenderes als Mathe gibt und nebenbei läuft dir die Zeit weg. Lernen ist doof, denkst du dir, wieso geht das nicht einfacher. Aber was, wenn es doch einfacher geht?

Welche hilfreiche Methode, um besser zu arbeiten oder zu lernen, hat sich ein Italiener namens Francesco während seines Studiums ausgedacht? Und was hat eine Küchenuhr in Form einer Tomate damit zu tun?

2

Hacks für die Schule: So stehst du in keinem Fach blöd da

Stell dir vor, du wirst von deinem Lehrer als hoffnungsloser Fall abgestempelt. Genau das passierte Thomas Alva Edison, als er noch ein Kind war. Die Schule und er? Das war so eine Art Beziehung, die auf Facebook mit „Es ist kompliziert" dargestellt wäre. Edison, einer der produktivsten Erfinder aller Zeiten, hatte in seiner Kindheit Schwierigkeiten im traditionellen Schulsystem und wurde sogar von seinem Lehrer als „zu dumm zum Lernen" bezeichnet. Autsch.

Von da an unterrichtete Edisons Mutter, selbst eine Lehrerin, ihren Sohn zu Hause. Das änderte alles. Mit zehn Jahren baute Edison in seinem Keller ein Labor auf. Statt mit Actionfiguren zu spielen, experimentierte er mit Chemikalien. Klingt verrückt, oder? Aber genau diese Experimente waren der Anfang von etwas Großem, nämlich mehr als 1.000 Patenten. Edison erfand die Glühbirne, den Phonographen (den Opa von Spotify) und den Filmprojektor. Stell dir vor, du müsstest heute noch bei Kerzenlicht Hausaufgaben machen oder könntest keine Musik streamen.

Edison wurde einmal gefragt, wie es sich anfühlt, bei seinen Erfindungen so oft gescheitert zu sein. Seine Antwort? Er sei nicht gescheitert. Er habe 10.000 Wege gefunden, wie es eben nicht funktioniert. Also, nächstes Mal, wenn du vor einer schwierigen Matheaufgabe sitzt oder etwas Neues lernen willst, denk an Edison. Ein bisschen Sturheit, Neugier und viel Schweiß können die Welt verändern.

Lernstrategien, die funktionieren

Lernen ist auch nicht unbedingt dein Ding? Dieses Kapitel gibt dir die passenden Tools an die Hand, um effektiver zu lernen, Zeit zu sparen und gleichzeitig deine Noten zu verbessern. Hier erfährst du, wie du das Gelernte nicht nur für die nächste Prüfung im Kopf behältst, sondern wie du Wissen so verarbeitest und speicherst, dass es dir langfristig zur Verfügung steht.

1. Aktives Lernen

Aktives Lernen bedeutet, dass du mit dem Lernmaterial interagierst, anstatt nur passiv Informationen aufzunehmen. Das kann durch Fragenstellen, Diskutieren oder Anwenden des Gelernten auf praktische Probleme geschehen. Eine bewährte Methode ist die Feynman-Technik: Erkläre das Thema in einfachen Worten, als würdest du es einem jüngeren Schüler beibringen. Wenn du dabei auf Schwierigkeiten stößt, hast du den Punkt gefunden, an dem du noch arbeiten musst.

2. Spaced Repetition

Die Verteilte Wiederholung, oder Spaced Repetition, nutzt das Prinzip, dass wir Informationen besser behalten, wenn wir sie über einen längeren Zeitraum in zunehmenden Abständen wiederholen. Anstatt alles auf einmal zu lernen, teile den Stoff in kleinere Einheiten und wiederhole ihn in regelmäßigen Abständen.

 Es gibt Apps und Programme, die auf diesem Prinzip basieren und dir helfen können, deinen Wiederholungsplan zu verwalten. Alternativ kannst du z. B. bei Vokabeln, Definitionen etc. Post-its in eurer Wohnung verteilen.

3. Pomodoro-Technik

Die Pomodoro-Technik ist eine coole Methode, um deine Zeit besser zu nutzen und konzentrierter zu arbeiten. Stell dir vor, du teilst deine Arbeit in kleine Abschnitte auf: Du arbeitest 25 Minuten lang voll fokussiert und machst dann eine kurze Pause von 5 Minuten. Nach vier solcher Arbeitsabschnitte (die „Pomodoros") machst du eine längere Pause, um richtig durchzuatmen.

Der Name „Pomodoro" kommt übrigens vom italienischen Wort für Tomate. Warum Tomate? Der Erfinder der Technik, Francesco Cirillo, benutzte während seines Studiums einen Küchenwecker, der wie eine Tomate aussah, um seine Arbeitszeit zu messen. Mit dieser Technik konnte er seine Aufgaben viel besser einteilen und erledigen, ohne ständig müde oder gestresst zu sein.

Durch die Pomodoro-Technik bleibt man länger konzentriert, weil man weiß, dass nach einer kurzen Zeit eine Pause kommt. Das macht das Arbeiten viel leichter und sogar ein bisschen spannender. Probiere es doch mal aus, wenn du das nächste Mal für eine Prüfung lernst oder eine Hausaufgabe machst!

4. Selbsttests

Teste dich selbst regelmäßig. Das kann durch klassische Karteikarten geschehen oder durch das Schreiben von eigenen Testfragen zu den Lerninhalten. Selbsttests sind nicht nur eine hervorragende Methode, um zu überprüfen, was du bereits gelernt hast, sondern auch, um das Gelernte zu festigen.

 Suche dir einen Lernbuddy. Dann könnt ihr gemeinsam lernen, euch motivieren und gegenseitig testen.

Quiz: Welcher Lerntyp bist du?

Es gibt vier Lerntypen: visuell, auditiv, haptisch oder kommunikativ. Beantworte die Fragen ehrlich, um herauszufinden, wie du am besten lernst und welche Strategien dir helfen könnten, dein Lernen effektiver zu gestalten. Dabei kannst du auch mehrere Antworten pro Frage auswählen. Zähle anschließend, wie oft du welchen Buchstaben markiert hast.

Frage 1: Was machst du als Erstes, wenn du etwas Neues lernst?

A) Ich suche nach Grafiken, Diagrammen oder Videos zu dem Thema.

B) Ich höre mir einen Podcast oder eine Aufnahme darüber an.

C) Ich führe ein Experiment durch oder baue ein Modell.

D) Ich diskutiere das Thema mit Freunden oder Lehrern.

Frage 2: Wie erinnerst du dich am besten an Informationen?

A) Durch das Betrachten von Bildern oder Schaubildern.

B) Indem ich mir Notizen anhöre oder jemandem zuhöre, der darüber spricht.

C) Durch das Ausführen von Tätigkeiten oder das manuelle Arbeiten mit dem Material.

D) Durch das Erklären der Informationen für andere.

Frage 3: Welche Art von Büchern ziehst du vor?

A) Bildbände oder Bücher mit vielen Illustrationen.

B) Hörbücher oder Bücher mit Dialogen und Beschreibungen.

C) Bücher mit praktischen Übungen oder Experimenten.

D) Bücher, die Diskussionsthemen beinhalten und zum Nachdenken anregen.

Frage 4: Was fällt dir beim Lernen am schwersten?

A) Informationen zu behalten, die nur mündlich präsentiert werden.

B) Konzentriert zu bleiben, wenn ich längere Zeit lesen oder Bilder ansehen muss.

C) Motiviert zu bleiben, wenn ich keine Möglichkeit habe, das Gelernte praktisch anzuwenden.

D) Informationen zu verstehen, ohne darüber diskutieren zu können.

Frage 5: Wobei fühlst du dich am besten, wenn du eine Präsentation halten musst?

A) Ich bin froh, wenn ich visuelle Hilfsmittel wie PowerPoint nutzen kann.

B) Ich fühle mich sicher, wenn ich meinen Vortrag mehrmals laut geübt habe.

C) Ich bevorzuge Demonstrationen oder die Nutzung von Requisiten.

D) Ich genieße es, Fragen zu beantworten und mit dem Publikum zu interagieren.

Frage 6: Wie fühlst du dich, wenn du alleine lernst?

A) Ich bevorzuge es, da ich visuelle Hilfsmittel ohne Ablenkung nutzen kann.
B) Ich finde es manchmal schwierig, da es keine Möglichkeit gibt, zuzuhören oder zu diskutieren.
C) Ich benötige physische Aktivitäten oder Experimente, um nicht die Konzentration zu verlieren.
D) Ich vermisse die Interaktion und den Austausch mit anderen.

Frage 7: Was hilft dir am meisten, wenn du dich auf eine Prüfung vorbereitest?

A) Visuelle Zusammenfassungen und Mindmaps des Stoffs.
B) Das Anhören von Aufzeichnungen der Unterrichtsstunden oder Erklärungen.
C) Durchführung von praktischen Übungen oder das Schreiben von Notizen per Hand.
D) Lerngruppen mit Freunden, um den Stoff gemeinsam durchzugehen.

Frage 8: Wie merkst du dir Vokabeln am besten?

A) Durch das Ansehen von Filmen oder Bildern, die das Wort darstellen.
B) Durch das Hören des Wortes, seiner Aussprache und Bedeutung in Liedern oder Dialogen.
C) Durch das Schreiben der Wörter auf Karteikarten und das physische Sortieren nach Themen.
D) Durch das Sprechen und Diskutieren der Wörter in einer Gruppe oder mit einem Partner.

Je nachdem, welchen Buchstaben du am häufigsten angekreuzt hast, findest du nun die Auflösung, welcher Lerntyp du bist.

Mehrheitlich A: Du bist ein visueller Lerntyp. Du lernst am besten, wenn du Informationen in Form von Bildern, Diagrammen oder Videos aufnehmen kannst. Versuche, deine Notizen farbig zu gestalten und visuelle Hilfsmittel einzusetzen.

Mehrheitlich B: Du bist ein auditiver Lerntyp. Für dich ist es am effektivsten, Informationen zu hören. Hörbücher, Diskussionen und Vorträge sind ideale Lernmittel für dich. Versuche, Informationen durch Wiederholen oder in Diskussionen mit anderen zu verarbeiten.

Mehrheitlich C: Du bist ein haptischer (kinästhetischer) Lerntyp. Du lernst am besten durch Tun, Berühren und Bewegen. Praktische Aktivitäten, Experimente und die Anwendung von Wissen in realen Situationen helfen dir, am effektivsten zu lernen.

Mehrheitlich D: Du bist ein kommunikativer Lerntyp. Du findest es am leichtesten, durch Lehren, Diskutieren und Austauschen von Ideen zu lernen. Gruppenarbeit und Diskussionsrunden sind für dich sehr wertvoll, um neues Wissen zu erlangen und zu verfestigen.

Wichtig ist, dass die meisten Menschen eine Kombination aus verschiedenen Lerntypen sind. Es ist hilfreich, verschiedene Ansätze zu kombinieren, um herauszufinden, was für dich am besten funktioniert.

Projekt: Deine persönliche Lernstrategie

Nutze die vorgestellten Lernstrategien, um einen persönlichen Lernplan für die kommende Woche zu erstellen. Wähle ein Fach oder Thema aus, das dir Schwierigkeiten bereitet, und wende mindestens zwei der besprochenen Strategien an. Dokumentiere deine Fortschritte und Reflexionen in einem Lernjournal. Am Ende der Woche bewerte, welche Methoden für dich am effektivsten waren und wie du sie in Zukunft verbessern oder anpassen kannst.

 Definiere klare, erreichbare Ziele für dein Lernen. Möchtest du deine Noten in einem bestimmten Fach verbessern? Oder willst du effizienter lernen, um mehr Freizeit zu haben? Halte deine Ziele schriftlich fest und mache sie so konkret wie möglich.

Mathe geht auch einfach

Du denkst, dass du Mathe nach der Schule nie wieder brauchst? Da hast du dich geschnitten: Ob im IT-Bereich oder als Architekt, in der Astronomie oder Wirtschaft, überall bildet Mathe einen wesentlichen Bestandteil. Umso wichtiger also, die Grundlagen zu beherrschen.

 Motivationstipp: Betrachte die Aufgaben als Rätsel, die gelöst werden möchten.

Mathe, das sind nicht einfach nur Zahlen. Und blicke dich einfach mal um, überall ist Mathe: Blätter und Blüten, ja sogar die Proportionen von dir und Tieren folgen der Fibonacci-Sequenz und dem Goldenen Schnitt, die ästhetische und strukturelle Eleganz ermöglichen.

1. **Verstehe die Grundlagen**
Mathematik baut auf sich selbst auf. Stelle sicher, dass du die Grundlagen fest im Griff hast, bevor du zu komplexeren Themen übergehst. Wenn du Schwierigkeiten mit einem aktuellen Thema hast, könnte es sein, dass du eine frühere Lektion noch nicht vollständig verstanden hast. Nimm dir die Zeit, um zurückzugehen und diese Grundlagen zu festigen.

 Tipp: Gib Mathenachhilfe für Grundschüler oder jüngere Klassen. Du wirst überrascht sein, wie die Wiederholung der Grundlagen dir selbst helfen wird, und du besserst zugleich dein Taschengeld auf.

2. Schritt-für-Schritt-Ansatz

Bei komplexen Problemen kann es hilfreich sein, diese in kleinere, handhabbare Schritte zu unterteilen. Nimm dir jeden Schritt einzeln vor und arbeite dich durch das Rätsel. Mit diesen Etappenzielen kannst du jeden Berg besteigen.

3. Arbeite in Gruppen

Gruppenarbeit kann beim Lernen von Mathematik sehr hilfreich sein. Du kannst von den Lösungsansätzen anderer lernen, deine eigenen Ideen erklären und gemeinsam könnt ihr schwierige Probleme lösen. Außerdem macht das Lernen in einer Gruppe mehr Spaß.

4. Nutze visuelle Hilfsmittel

Verwende Diagramme, Grafiken und Zeichnungen, um abstrakte Konzepte zu veranschaulichen. Das Erstellen von visuellen Hilfsmitteln kann dir helfen, Beziehungen zwischen Zahlen und Formeln besser zu verstehen.

5. Finde Muster

Mathematik ist voll von Mustern. Wenn du beginnst, diese Muster zu erkennen, wird das Lösen der Aufgaben einfacher. Diese Muster können dir helfen, Vorhersagen zu treffen und Verbindungen zwischen verschiedenen Konzepten und Fragestellungen zu entdecken.

6. Nutze Online-Ressourcen

Es gibt unzählige Online-Ressourcen, die dir helfen können, Mathematik besser zu verstehen. Von Erklär-Videos auf YouTube bis hin zu spezialisierten Mathe-Websites, die Schritt-für-Schritt-Lösungen anbieten.

7. Üben, üben, üben

Jeder kann Mathe lernen. Denn Mathe ist Fleißarbeit, die du durch Üben, Üben und nochmal Üben beherrschen kannst. Deine Einstellung kann einen großen Unterschied machen.

Eine Reise durch Literatur und Sprachen

Eine Reise durch Literatur und Sprachen entführt uns in die faszinierende Welt der Wörter, der Geschichten und der Macht der Kommunikation. Dieses Kapitel nimmt dich mit auf eine Entdeckungsreise, die so alt ist wie die Zivilisation selbst: Von uralten Texten bis zu den digitalen Büchern des 21. Jahrhunderts – Literatur und Sprachen erzählen die Geschichte der Menschheit, ihrer Kulturen, Hoffnungen, Träume und Konflikte.

Die Magie alter Texte

Stell dir vor, du hältst einen Text in den Händen, der vor mehr als zweitausend Jahren geschrieben wurde. Die Worte des griechischen Dichters Homer haben beispielsweise die Zeitalter überdauert und beeinflussen noch heute unsere Kultur und Sprache. Diese Werke laden uns ein, in die Denkweisen vergangener Epochen einzutauchen und zu entdecken, was es bedeutet, menschlich zu sein – jenseits der Grenzen von Zeit und Raum.

Die Vielfalt der Sprachen

Es gibt weltweit über 7.000 lebende Sprachen, von denen jede ihre eigene Schönheit, Komplexität und Nuancen hat. Jede Sprache ist ein Fenster zu einer einzigartigen Weltanschauung und Kultur. Die Art und Weise, wie Sprachen unterschiedliche Farben, Emotionen oder Beziehungen beschreiben, kann uns viel über die Gesellschaften verraten, in denen sie gesprochen werden. So haben die Inuit beispielsweise diverse Ausdrücke, um die Beschaffenheit von Schnee zu beschreiben.

Revolutionäre Bücher

Einige Bücher haben die Kraft, die Welt zu verändern. Denke an Werke wie „1984" von George Orwell, das unsere Sicht auf Überwachung und Freiheit prägte, oder „Stolz und Vorurteil" von Jane Austen. Ihre Themen von Klassenunterschieden und Geschlechterrollen sorgen bis heute für Diskussionen.

Diese Bücher und viele andere haben nicht nur literarischen Wert, sondern sind auch Katalysatoren für sozialen und politischen Wandel.

Die Kunst der Übersetzung

Übersetzung ist eine Kunstform, die es ermöglicht, die Schönheit einer Sprache in eine andere zu übertragen. Jeder Übersetzer steht vor der Herausforderung, den richtigen Ton, Rhythmus und die Bedeutungen des Originals einzufangen, während er die kulturellen Unterschiede zwischen den Sprachen überbrückt. Die Arbeit von Übersetzern ermöglicht es uns, literarische Meisterwerke aus der ganzen Welt zu lesen, und fördert das gegenseitige Verständnis zwischen unterschiedlichen Kulturen.

Digitales Zeitalter und Literatur

Die digitale Revolution hat komplett verändert, wie wir lesen und schreiben. E-Books, Hörbücher und Online-Publikationen haben die Zugänglichkeit von Literatur erhöht und neue Formen des Geschichtenerzählens geschaffen. Blogs, Podcasts und soziale Medien bieten jedem die Möglichkeit, seine eigene Stimme zu finden und zu teilen. Diese Entwicklungen eröffnen spannende neue Wege für die Literatur und Sprachen der Zukunft.

Geschichte – ein knackiger Überblick

Von Speerspitzen und Lagerfeuer über Pyramiden bis hin ins dunkle Mittelalter und weiter zur Aufklärung und der modernen Welt. Hier bekommst du einen flotten Überblick über die Geschichte deiner Vorfahren.

Die Steinzeit: Das ultimative Survival-Abenteuer (ca. 2,6 Millionen Jahre vor heute bis 2500 v. Chr.)

Wie wäre eine Welt ohne Wi-Fi, ohne Supermärkte, sogar ohne Werkzeuge ... außer denen, die du selbst machst? Die Steinzeit war hardcore – von der Jagd mit Speeren, die du selbst geschnitzt hast, über das Malen epischer Jagdszenen in Höhlen bis hin zum Beerensammeln und Sitzen am Lagerfeuer. Es war eine spannende Zeit, in der die ersten künstlerischen Ausdrucksformen entstanden, wie die Höhlenmalereien in Lascaux, Frankreich.

Landwirtschaft: Die Saat der Zivilisation (ca. 10.000 v. Chr.)

Die Entdeckung der Landwirtschaft war so, als hätte jemand den Cheat-Code für die menschliche Zivilisation gefunden. Statt durch die Landschaft zu streifen, auf der Suche nach dem nächsten Happen, begannen die Menschen, Pflanzen anzubauen und Tiere zu zähmen. Diese Revolution führte zu Nahrungsüberschüssen, die wiederum die Basis für die ersten Städte und komplexen Gesellschaften bildeten. Von diesem Punkt an war nichts mehr wie zuvor; die Landwirtschaft säte die Samen für das, was wir heute als moderne Welt kennen, und ließ die Bevölkerungsrate explodieren.

Das alte Ägypten: Von Pharaonen, Mumien und Pyramiden (ca. 3100 v. Chr. bis 332 v. Chr.)

Pyramiden, die unwirklich wirken und so manches Geheimnis wahren, Mumien, also jahrtausendealte Leichen, und Hieroglyphen, die cooler sind als jedes Emoji. Die sogenannten alten Ägypter wie die berühmten Pharaonen Tutanchamun und Ramses II. wussten, wie man Eindruck macht und Wissen erweitert. So wurden bereits vor Tausenden von Jahren die Grundlagen für Mathematik, Medizin und Architektur gelegt.

Das antike Griechenland: Die Geburtsstunde der Demokratie (ca. 800 v. Chr. bis 146 v. Chr.)

Ob Liebe, Feiern, Krieg oder das Meer – die Griechen hatten für alles einen bestimmten Gott und erfanden nebenbei Demokratie, Philosophie und die Olympischen Spiele. Nicht umsonst gilt das antike Griechenland als Wiege der westlichen Zivilisation: Es lieferte die Grundlagen der westlichen Philosophie durch Sokrates, Platon oder Aristoteles, bahnbrechende Erfindungen und bedeutsame literarische Werke von Homer bis zu den Tragödien von Sophokles. Die Griechen waren die Influencer der Antike, deren Ideen bis heute nachhallen. Wer hätte gedacht, dass Diskussionen über Gerechtigkeit und die Suche nach dem guten Leben so lange im Trend bleiben?

Die antiken Griechen prägten die Mathematik und die Entwicklung des Schriftsystems, legten damit die Basis für viele moderne Konzepte. Pythagoras, Euklid und Archimedes kennst du ja wahrscheinlich schon, oder? Beim Thema Schreiben waren die Griechen ebenfalls Pioniere. Ihr Alphabet – ein Vorfahre unseres heutigen lateinischen – war das erste, das sich dachte: „Hey, wie wär's, wenn wir auch mal Vokale mit reinnehmen?" Diese Erfindungen der Griechen wurden von den Römern aufgenommen und prägen unsere Kultur bis heute.

Das Römische Reich: Legionäre und Caesar (753 v. Chr. bis 476 n. Chr.)

Die Römer bauten ein Imperium auf, das sich über drei Kontinente erstreckte und so groß war, dass selbst Google Maps Mühe gehabt hätte, alles zu erfassen. Mit einem Straßennetz, das besser war als so manche heutige Infrastruktur, und einer Armee, mit der nicht zu spaßen war, haben die Römer die Antike dominiert und dabei noch Zeit gefunden, in Thermen zu chillen. Beeindruckende Bauten wie ihre Aquädukte oder das Kolosseum faszinieren Menschen noch heute und zeugen von der Macht, dem Wissen und dem Einfluss der Römer wie Julius Caesar, Augustus oder dem Philosophen Seneca.

Das Mittelalter: Ritter, Burgen und viel Drama (ca. 500 n. Chr. bis 1500 n. Chr.)

Das Mittelalter kannst du dir ein bisschen wie Game of Thrones vorstellen, nur ohne Drachen. Burgen, Ritter in glänzenden Rüstungen und epische Schlachten waren an der Tagesordnung. Die Kirche spielte mit ihrer Macht eine der Hauptrollen in jeder Story. Bedeutende Errungenschaften waren die gotischen Kathedralen, die Universitäten und die Entwicklung der Ritterkultur. Figuren wie Karl der Große und Thomas von Aquin prägten diese Zeit. Tragische Zeiten brachen mit der Hexenverbrennung sowie der Pest an. Der Schwarze Tod nahm in Europa je nach Quelle jedem zweiten oder dritten Menschen das Leben.

Die Renaissance: Wiedergeburt und Rückbesinnung (14. bis 17. Jahrhundert)

Nach Jahren des mittelalterlichen Dramas beschlossen einige Genies in Italien, dass es Zeit für ein Comeback der Kultur, Kunst und Wissenschaft der Antike ist. Erfindungen wie der Buchdruck durch Gutenberg revolutionierten die Wissensverbreitung. Künstler wie Leonardo da Vinci und Michelangelo sowie Dichter wie Shakespeare veränderten die Kunst und Literatur für immer. Hier wurden im neuen Humanismus der Mensch und seine Fähigkeiten zum Mittelpunkt des Interesses.

Die Aufklärung: Das Licht der Vernunft (17. bis 18. Jahrhundert)

Die Aufklärung war eine Zeit, in der das Licht der Vernunft die Schatten der Unwissenheit und des Aberglaubens zu vertreiben begann. Philosophen und Wissenschaftler forderten die Menschen auf, Tradition und Autorität in Frage zu stellen und sich stattdessen auf Logik und Beweise zu stützen. Diese Ära brachte fundamentale Veränderungen in der Politik, Wissenschaft und Gesellschaft mit sich und legte den Grundstein für moderne Werte wie Freiheit, Gleichheit und Brüderlichkeit. Sie rückte den Menschen aus dem Zentrum der Welt und stellte klar, dass die Erde keine Scheibe ist und sich um die Sonne dreht.

Die industrielle Revolution: Maschinen übernehmen (ca. 1760 bis 1840)

Die industrielle Revolution startete in Großbritannien und brachte Maschinen, die die Produktion von Gütern revolutionierten. Nun konnte mit Technik statt mit menschlicher Hand gearbeitet werden. Viele mühsame Arbeitsplätze fielen weg. Neue Tätigkeiten entstanden. Massenproduktion und Fließbandarbeit wurden hier geboren. Erfindungen wie die Dampfmaschine von James Watt und der mechanische Webstuhl veränderten die Arbeitswelt grundlegend. Diese Zeit legte den Grundstein für die moderne Industriegesellschaft.

Das 20. Jahrhundert: Von totalen Kriegen und der Mondlandung (1900 bis 2000)

Das 20. Jahrhundert hatte alles – zwei Weltkriege, den Kalten Krieg, die Gründung der Vereinten Nationen, die Mondlandung und die digitale Revolution. Es war ein Jahrhundert der Extreme, von unglaublichen technologischen Fortschritten bis hin zu unvorstellbaren menschlichen Tragödien. Persönlichkeiten wie Albert Einstein in der Wissenschaft, Mahatma Gandhi im Bereich der politischen Bewegungen und Martin Luther King Jr. mit seiner „I Have a Dream"-Rede prägten das Jahrhundert.

Das 21. Jahrhundert: Die digitale und ökologische Herausforderung

Die industrielle Revolution des 18. und 19. Jahrhunderts legte das Fundament der modernen Industriegesellschaft, und das 21. Jahrhundert stellt uns vor neue, drängende Herausforderungen. Mit der raschen Entwicklung der digitalen Technologie erleben wir eine Revolution, die jede Ecke unseres Lebens beeinflusst. Doch während wir im digitalen Zeitalter navigieren, stehen wir gleichzeitig vor einer vielleicht noch größeren Aufgabe: dem Kampf gegen die Klimaerwärmung und der Notwendigkeit des Umweltschutzes.

 Sieh dir die Daten nochmal genau an. Merkst du etwas? Genau, es scheint, als wäre lange Zeit wenig passiert und dann immer mehr in schneller Folge. Die Welt scheint sich schneller zu drehen, täglich gibt es neue Erfindungen und Fortschritt. Das bietet große Möglichkeiten, vor allem für dich, der du als Digital Native aufwächst und damit in der Familie der Profi bei Technikfragen bist.

Den Geheimnissen der Naturwissenschaften auf der Spur

Stell dir vor, du stehst vor einem riesigen, unerforschten Dschungel. Jeder Schritt, den du machst, könnte dich zu einer neuen Entdeckung führen. Genau so fühlen sich Wissenschaftlerinnen und Wissenschaftler, wenn sie in die Geheimnisse der Naturwissenschaften eintauchen. Dieses Kapitel begleitet dich auf eine Reise zu einigen der faszinierendsten Entdeckungen und ungelösten Rätsel der Naturwissenschaften.

Die Entschlüsselung der DNA

1953 konnten James Watson und Francis Crick die Struktur der DNA entschlüsseln und schlugen damit ein neues Kapitel im Buch des Lebens auf. Diese Entdeckung hat uns nicht nur tiefe Einblicke in die Funktionsweise des Lebens gegeben, sondern auch die Türen zur Genetik und zur Biotechnologie weit aufgestoßen. Heute können wir Krankheiten auf genetischer Ebene verstehen und behandeln, was vorher undenkbar war.

Die Quantenmechanik: Eine seltsame Welt

Die Quantenmechanik führt uns in eine Welt, die unseren Alltagsvorstellungen komplett widerspricht. Teilchen können sich wie Wellen verhalten und umgekehrt, und sie können an zwei Orten gleichzeitig sein. Dieses seltsame Verhalten liegt im Herzen moderner Technologien wie Halbleitern und Lasern. Das Rätsel der Quantenverschränkung, bei dem Teilchen über große Entfernungen hinweg miteinander „kommunizieren" können, bleibt eines der größten Geheimnisse der Physik.

Die Erforschung des Universums

Unser Verständnis des Universums hat sich in den letzten Jahrhunderten dramatisch erweitert. Von der Erkenntnis, dass die Erde nicht im Mittelpunkt des Universums steht, bis zur Entdeckung von Exoplaneten und dunkler Materie – jede Entdeckung wirft neue Fragen auf. Die Suche nach außerirdischem Leben und die Erforschung dunkler Energie sind nur zwei der spannenden Herausforderungen, die vor uns liegen.

Die Geheimnisse des Gehirns

Das menschliche Gehirn ist vielleicht das komplexeste bekannte Objekt im Universum. Die Neurowissenschaften versuchen zu verstehen, wie aus der Aktivität von Milliarden von Neuronen Bewusstsein, Gedanken und Emotionen entstehen. Die Erforschung des Gehirns steht noch ganz am Anfang, aber sie verspricht Einblicke in die Natur des menschlichen Geistes und könnte zur Behandlung von Gehirnerkrankungen führen.

Rätsel

Versetze dich mal zurück in die Steinzeit. Es ist gerade kein Säbelzahntiger in der Nähe, vor dem du davonlaufen musst, und vom letzten Mammut ist noch genug übrig, Jagd ist also noch nicht dran. Du sitzt gelangweilt vor einem Haufen Mammut-Knochen und stocherst darin herum. Dann kommt dir plötzlich eine geniale Idee …!

Welches Musikinstrument haben die Neandertaler wohl aus Tierknochen gebaut?

3
Kreative Köpfe und Kunst: Finde deinen Ausdruck

Dieser kleine Ausflug dreht sich um einen der schrägsten Typen der Kunstgeschichte. Den Mann mit dem legendären Schnurrbart – Salvador Dalí. Dalís Exzentrik war fast so berühmt wie sein künstlerisches Genie, und sein Leben war voller ungewöhnlicher Taten und Verhaltensweisen, die ihn zu einer unvergesslichen Persönlichkeit machten.

Stell dir vor, du gehst durch Paris und auf einmal kommt dir jemand mit einem Ameisenbären an der Leine entgegen. Kein Scherz. Während die meisten von uns bei Haustieren an Hunde oder Katzen denken, fragte sich Dalí: „Warum nicht ein Ameisenbär? Oder ein Opossum?" Definitiv kein Normalo.

Dalí war auch für seine theatralischen Auftritte und öffentlichen Stunts bekannt. So hielt er einen seiner Vorträge in einem antiken Taucheranzug. Er wollte damit zeigen, dass er tief in das Unbewusste eintauchte. Der Künstler unterschätzte jedoch die Gefahr dieser Darbietung – er drohte zu ersticken und musste mit einem Schraubenzieher aus dem Anzug befreit werden.

Und dann war da noch seine Kunst. Dalí war der Meister des Surrealismus. Eines seiner bekanntesten Werke? „Die Beständigkeit der Erinnerung", das Bild mit den schmelzenden Uhren. Dalí wollte, dass Leute seine Bilder anschauen und sich fragen: „Was habe ich da gerade gesehen?" Seine Idee war, Kunst zu machen, über die du nachdenkst und die die Grenze zwischen Traum und Wirklichkeit verwischt.

Am Ende des Tages zeigt Dalís Geschichte, dass es okay ist, anders zu sein. Sein Leben war eine Achterbahnfahrt voller Kreativität und ein Beweis dafür, dass die Welt ein bisschen mehr Farbe braucht. Also, wenn du das nächste Mal denkst, dass deine Ideen zu verrückt sind, erinnere dich an Dalí.

Graffiti, GIFs und Götterbilder: Kunst im Wandel der Zeit

Hey, schon mal darüber nachgedacht, was Kunst eigentlich ist? Nein, die Rede ist nicht von der Deko, die du manchmal im Kunstunterricht basteln sollst. Es geht um die echte, atemberaubende, manchmal total verrückte Kunst, die die Menschheit seit Anbeginn der Zeit kreiert. Kunst ist nicht nur etwas zum Anschauen oder Anhören – es ist eine Sprache, die lauter spricht als Worte und sich ständig verändert. Aber wie ging das Ganze eigentlich los?

Urzeit: Die Anfänge der Kunst

Stell dir vor, du lebst in einer Zeit ohne Smartphones, ohne Netflix, ja sogar ohne Stift und Papier. Langweilig, oder? Aber die Menschen der Urzeit hatten vor rund 20.000 Jahren eine Idee, sie bemalten die Wände ihrer Höhlen. Diese frühen Künstler waren echte Pioniere, die mit Naturfarben Szenen aus ihrem Alltag darstellten. Noch heute können wir die Geschichten deuten, die über Jahrtausende hinweg ganz ohne Sprache Wissen überliefern und auf spirituelle Handlungen und religiöse Praktiken hindeuten.

Antike: Goldene Götterbilder und Perfektion

Springen wir in die Antike. Hier haben wir die Ägypter, die nicht nur Pyramiden gebaut, sondern auch die Wände mit Bildern von Göttern, Pharaonen und ihrem alltäglichen Leben verziert haben. Gold war für sie die Haut der Götter, daher entstanden viele Masken und Grabbeigaben aus dem Edelmetall. Dann gab's da die Griechen und Römer, die mit ihren Skulpturen und Gebäuden so besessen von Perfektion waren, dass fast alles, was sie schufen, aussah wie der perfekt durchgeplante und bearbeitete Insta-Feed eines Supermodels.

Mittelalter: Dunkle Zeiten, leuchtende Kunst

Im Mittelalter wurde es düster. Viele Menschen litten an Hunger oder starben an der Pest. Wie ein Bilderbuch konnten die Menschen Auszüge aus der Bibel in Bildern sehen, denn lesen konnten nur die Reichen und Mächtigen. Die Kunst drehte sich hauptsächlich um Religion, mit vielen Heiligenbildern und riesigen Kathedralen, die gen Himmel ragten. Die Farben und Details in diesen Kunstwerken waren wie Lichtstrahlen in einer sonst sehr dunklen Zeit.

Renaissance: Der Big Bang der Kunst

Dann kam die Renaissance, und BOOM! – die Kunst explodierte. Genies wie Leonardo da Vinci und Michelangelo zeigten der Welt, was passiert, wenn man Wissenschaft und Kunst mischt. Plötzlich waren Menschen nicht mehr nur steife eindimensionale Figuren auf einem Bild, sondern lebendige Wesen, die fast aus der Leinwand zu springen schienen. Die Renaissance war wie die Geburt der modernen Kunst – eine Zeit, in der Künstler anfingen, die Welt um sie herum und den Menschen selbst in Frage zu stellen.

Moderne Zeiten: Kunst bricht aus

Von da an wurde Kunst immer wilder. Im 19. und 20. Jahrhundert hatten wir Impressionisten wie van Gogh, die sagten: „Vergiss die Details und die Abbildung der Wirklichkeit, lass uns mit Farben unsere Gefühle ausdrücken!" Dann kamen die Surrealisten wie Dalí, die so verrückte Kunst erstellten, die wie aus einem Traum wirkt.

Zeitgenössische Kunst: Graffitis, GIFs und NFTs

Und heute? Kunst kann alles sein – ein Graffiti an der Wand, eine Installation, die ein ganzes Zimmer einnimmt, oder ein digitales Kunstwerk wie ein GIF oder NFT, das häufig nur online existiert. Künstler experimentieren mit neuen Technologien und Medien, um sich selbst auszudrücken, zu provozieren und die Betrachter zum Nachdenken zu bringen.

Kunst ist ...

Also, was ist Kunst? Es ist schwer zu sagen, weil sie sich ständig verändert. Aber eines ist sicher: Kunst ist eine Explosion der Kreativität, die zeigt, was es bedeutet, menschlich zu sein – mit all unseren Träumen, Ängsten, Gefühlen und Beobachtungen. Kunst ist aber auch eine Zeitmaschine, die uns zeigt, wie sich unsere Sicht auf die Welt und auf uns selbst im Laufe der Zeit verändert hat. Also, das nächste Mal, wenn du ein Kunstwerk siehst, frag dich nicht nur, was du siehst, sondern auch, was du fühlst. Denn darum geht's in der Kunst – ums Fühlen, Entdecken und manchmal auch ums Stirnrunzeln.

Von Beats zu Bytes: Eine Zeitreise durch die Musikgeschichte

Stell dir vor, du machst einen Spaziergang durch die Zeit, wobei jede Epoche ihren eigenen Soundtrack spielt. Von den ersten Trommelschlägen in prähistorischen Höhlen bis zu den komplexen elektronischen Beats, die heute unsere AirPods füllen.

Am Anfang war der Beat: Die Ursprünge der Musik

Willkommen in der Steinzeit. Kein Spotify, keine Gitarren, nicht mal Flöten. Die frühesten Menschen fanden Musik in der Natur – im Rhythmus des Regens, im Säuseln des Windes, im Knistern des Feuers. Aber sie wollten mehr: Sie wollten diese Klänge selbst erschaffen und steuern. So begannen sie, auf alles zu trommeln, was sie finden konnten – Baumstämme, Steine, sogar ihre eigenen Körper. Sie entdeckten, dass unterschiedliche Materialien unterschiedliche Sounds erzeugen.

Flöten aus Knochen: Die ersten Melodien

Dann, vor etwa 40.000 Jahren, kam jemand auf die brillante Idee, Löcher in Tierknochen zu bohren, und voilà: Die erste Flöte war geboren. Diese Knochenflöten waren nicht nur die Spotify-Playlists der Steinzeit, sondern ermöglichten es den Menschen auch, Melodien zu kreieren, die ihre Geschichten, Träume und vielleicht sogar ihre ersten Hits transportierten.

Der soziale Klang: Musik als Klebstoff der Gemeinschaft

Aber warum machten sich unsere Ahnen überhaupt die Mühe? Musik war (und ist) viel mehr als nur ein netter Zeitvertreib. Sie half dabei, Gruppen zusammenzubringen, sei es bei der Arbeit, bei Zeremonien oder einfach nur beim Chillen nach der anstrengenden Mammutjagd. Musik schuf ein Gefühl der Zugehörigkeit und der gemeinsamen Identität – sie war der soziale Klebstoff, der die Gemeinschaften zusammenhielt.

Rhythmus der Rituale: Musik und Spiritualität

Musik hat auch eine spirituelle Seite. Ob bei der Anrufung der Götter, bei der Bitte um Regen oder bei der Feier des Lebens und des Todes – Musik war und ist ein Schlüssel, um das Unsichtbare greifbar zu machen. Durch Gesänge und rhythmische Klänge traten die Menschen in Kontakt mit der geistigen Welt und fanden Trost, Kraft und Inspiration.

 Noch heute wird bei Hochzeiten oder Beerdigungen Musik gespielt. Einfach deshalb, weil sie Gefühle so gut erzeugt und transportiert.

Antike Klänge

Springen wir nach diesen urzeitlichen Klängen in die Antike. Die alten Griechen benutzten Musik nicht nur zur Unterhaltung, sondern auch in der Erziehung, bei religiösen Zeremonien und im Theater. Sie glaubten, dass Musik die Seele reinigen und den Charakter formen kann. Ägypter, Sumerer und Römer, sie alle hatten ihre eigenen musikalischen Traditionen, die von einfachen Flötenmelodien bis hin zu komplexen Harfenklängen reichten.

Mittelalterliche Melodien

Spulen wir vor zum Mittelalter, wo Musik eine zentrale Rolle in der Kirche spielte. Gregorianische Choräle, die in Klöstern gesungen wurden, sind vielleicht das bekannteste Beispiel dieser Zeit. Doch abseits der sakralen Hallen entwickelten sich volkstümliche Musikformen, die von fahrenden Musikern – den Minnesängern und Troubadouren – durch ganz Europa getragen wurden.

Renaissance und Barock: Die Harmonie erwacht

Mit der Renaissance begann eine Zeit der musikalischen Blüte und Innovation. Komponisten wie Palestrina und später Bach und Händel im Barock brachten mehr Harmonie und Komplexität in die Musik. Die Erfindung des Notendrucks ermöglichte eine weitreichende Verbreitung von Musikstücken, und das Orchester begann, seine moderne Form anzunehmen.

Klassik und Romantik: Gefühl und Ausdruck

Die Klassik mit Meistern wie Mozart und Beethoven brachte eine neue Klarheit und Struktur in die Musik, die durch emotionale Tiefe und technische Perfektion bestach. In der Romantik wurde diese emotionale Ausdruckskraft noch gesteigert, Komponisten wie Chopin, Schumann und Wagner erforschten die Tiefen der menschlichen Gefühlswelt.

Vom 20. Jahrhundert bis heute: Eine Explosion der Stile

Das 20. Jahrhundert brachte eine Explosion musikalischer Stile. Jazz eroberte von Amerika aus die Welt, der Blues gab der Sehnsucht und den Kämpfen der afroamerikanischen Gemeinschaft eine Stimme und Rock ‚n' Roll brachte eine ganze Generation zum Tanzen. Die elektronische Musik revolutionierte das Klangspektrum und Genres wie Hip-Hop, Pop und EDM spiegeln die Vielfalt unserer globalisierten Welt wider.

Echo durch die Jahrtausende: Der unendliche Klang

Jeder Beat, den wir heute hören, jede Melodie, die uns bewegt, wurzelt in den frühesten musikalischen Experimenten. Unsere musikalischen Ahnen haben uns gezeigt, dass Musik eine fundamentale, universelle Sprache ist – ein tiefes menschliches Bedürfnis, das verbindet, inspiriert und unsere Welt mit Schönheit füllt.

Von Masken zu Monitoren: Vorhang auf für die Bühnen der Welt

Bevor die Rampenlichter der modernen Bühnen und Kinosäle die Welt erhellten, gab es schon Orte, an denen Menschen zusammenkamen, um Geschichten lebendig werden zu lassen. Diese uralten Anfänge des Theaters führen uns weit zurück, zu den Mayas, ins alte China und darüber hinaus.

Mayas: Rituale voller Drama

Tief in den Regenwäldern Mittelamerikas entwickelten die Mayas komplexe Rituale. Ihre Zeremonien waren voller Dramatik, mit aufwendigen Kostümen, Masken und Musik. Diese „Aufführungen" erzählten von den Göttern, von Schöpfung und Zerstörung und spielten eine zentrale Rolle in ihrer Kultur, indem sie das Göttliche mit dem Irdischen verbanden.

Das alte China: Poesie in Bewegung

Gleichzeitig, auf der anderen Seite der Welt, entstanden im alten China die Vorläufer des traditionellen chinesischen Theaters. Schon im 8. Jahrhundert n. Chr. wurden Musik, Tanz und Poesie zu prächtigen Hofdarbietungen kombiniert, bekannt als „Zaju" und „Kunqu". Diese Formen legten den Grundstein für das später so beliebte Peking-Operntheater, das durch seine ausdrucksstarken Masken, farbenfrohen Kostüme und akrobatischen Einlagen berühmt wurde.

Indien: Eine Welt aus Tanz und Erzählung

Fast zeitgleich blühte in Indien eine andere Form des Theaters auf. Das „Natya Shastra", ein antikes Werk über Dramaturgie, legte die Grundlagen für das klassische indische Tanztheater. Diese Kunstform vereinte Musik, Tanz und Schauspiel zu einer einzigartigen Erzählform, die bis heute in Formen wie Kathakali und Bharatanatyam weiterlebt.

Afrika: Geschichten am Lagerfeuer

In Afrika wurden und werden Geschichten traditionell in Gemeinschaften am Lagerfeuer erzählt, oft begleitet von Musik und Tanz. Diese mündlichen Erzähltraditionen sind eine lebendige Form des Theaters, die von Generation zu Generation weitergegeben wird. Sie spiegeln die Kultur, Geschichte und Moral der Gemeinschaft wider und sind ein essenzieller Bestandteil des sozialen Lebens.

Griechenland und Rom: Spiegel der Gesellschaft

Währenddessen begann in Griechenland die Geburtsstunde des westlichen Theaters, wie wir es kennen. Die alten Griechen waren Pioniere in der Entwicklung des Dramas, mit Tragödien und Komödien, die bis heute aufgeführt werden. In Griechenland, auf offenen Bühnen, spielten maskierte Schauspieler die Dramen von Göttern und Helden, während das Publikum in den Amphitheatern mitfieberte. Diese Stücke waren mehr als nur Unterhaltung; sie waren Spiegel der menschlichen Natur, voller Leidenschaft, Tragödie und gelegentlichem Humor. Die Römer übernahmen und erweiterten das griechische Theater, brachten aber auch ihre eigenen Geschmäcker ein, zum Beispiel die Vorliebe für Gladiatorenkämpfe, bei denen Menschen gegen Menschen oder gegen Tiere bis zum Tod kämpften.

Von Barden und Bühnen: Das europäische Theater blüht auf

Im mittelalterlichen Europa waren fahrende Spielleute und geheimnisvolle Maskenspiele bekannt. Sie hielten das Theater am Leben, bis die Renaissance es neu entfachte. Shakespeare und seine Zeitgenossen brachten Charaktere auf die Bühne, die so lebendig und tiefgründig waren, dass sie bis heute nicht von unserer Seite weichen. Ihre Geschichten, ob tragisch, komisch oder irgendwo dazwischen, erforschten die Tiefen der Liebe, der Macht und des menschlichen Daseins.

Licht, Kamera, Action: Die Geburt des Films

Dann, im 19. Jahrhundert, geschah etwas Revolutionäres: Die Erfindung der Kamera führte zur Geburt des Films – einer neuen Kunstform, die es ermöglichte, Geschichten nicht nur auf der Bühne, sondern auch auf der Leinwand zu erzählen und die Zuschauer mit in ferne Welten und Länder zu nehmen.

Stummfilme mit ikonischen Stars wie Charlie Chaplin bewiesen, dass Worte nicht nötig waren, um Herzen zu berühren und Lacher zu gewinnen.

Goldenes Zeitalter und darüber hinaus: Die Filmwelt explodiert

Mit dem Aufkommen des Tonfilms begann das goldene Zeitalter Hollywoods, und die Welt verliebte sich in das Kino. Von den schillernden Musicals über packende Noir-Thriller bis hin zu epischen Romanzen – Filme boten eine Flucht aus dem Alltag und ein Fenster in neue Welten. Im Laufe der Zeit hat sich der Film weiterentwickelt, mit Technologien wie CGI, die uns Orte und Dinge zeigen, die früher nicht darstellbar waren, und mit Geschichten, die immer komplexer werden. Blühenden Fantasien sind keine Grenzen mehr gesetzt.

Streaming: Die Welt im Wohnzimmer

Heute, im Zeitalter von Streaming und Social Media, hat sich die Art und Weise, wie wir Theater und Filme erleben, erneut verändert. Wir können die größten Dramen und die packendsten Geschichten aus jedem Winkel der Welt in unser Wohnzimmer holen, oft mit nur einem Klick. Aber egal, wie sehr sich die Technologie auch weiterentwickelt, im Kern bleibt die Magie von Theater und Film dieselbe: Es geht darum, Geschichten zu erzählen, die uns bewegen, uns zum Nachdenken anregen und uns zeigen, was es bedeutet, menschlich zu sein.

Das ultimative Quiz über Kunst, Theater und Musik

Teste dein Wissen zu Kunst, Theater und Musik und entdecke spannende Fakten aus der Welt der Kreativität:

Frage 1: Welcher Künstler malte die „Mona Lisa"?

A) Vincent van Gogh
B) Pablo Picasso
C) Leonardo da Vinci
D) Michelangelo

Frage 2: In welchem Land entstand die Oper als Kunstform?

A) Deutschland
B) Italien
C) Frankreich
D) Spanien

Frage 3: Welches Musikgenre entstand zuerst?

A) Rock 'n' Roll
B) Jazz
C) Hip-Hop
D) Blues

Frage 4: Was ist ein Haiku?

A) Ein japanisches Musikinstrument
B) Eine Form der Skulptur
C) Ein kurzes japanisches Gedicht
D) Eine Tanzbewegung

Frage 5: Welche Farben mischt man, um Grün zu erhalten?

A) Rot und Blau
B) Blau und Gelb
C) Gelb und Rot
D) Schwarz und Weiß

Frage 6: Wer schrieb „Romeo und Julia"?

A) Charles Dickens
B) William Shakespeare
C) Jane Austen
D) J. K. Rowling

Frage 7: Welches Instrument hat normalerweise 88 Tasten?

A) Gitarre
B) Schlagzeug
C) Klavier
D) Harfe

Frage 8: Was ist ein Storyboard?

A) Ein Brettspiel über Geschichtenerzählen
B) Eine Technik im Film, um Szenen visuell zu planen
C) Eine Sammlung von Kurzgeschichten
D) Ein modernes Kunstwerk

Frage 9: Welcher Film hat den ersten Oscar für den besten Animationsfilm gewonnen?

A) Findet Nemo
B) Die Eiskönigin
C) Shrek
D) Toy Story

Frage 10: Welcher Künstler ist berühmt für seine schmelzenden Uhren?

A) Andy Warhol
B) Salvador Dalí
C) Claude Monet
D) Jackson Pollock

Frage 11: Welcher Künstler gilt als Pionier der Pop-Art?

A) Frida Kahlo
B) Andy Warhol
C) Claude Monet
D) Banksy

Frage 12: In welcher Stadt wurde Shakespeare geboren?

A) London
B) Oxford
C) Stratford-upon-Avon
D) Cambridge

Frage 13: Welches Musikinstrument wird auch als „Königin der Instrumente" bezeichnet?

A) Die Violine
B) Die Orgel
C) Das Klavier
D) Die Flöte

Frage 14: Was ist ein Fresko?

A) Eine Skulptur aus der Renaissance
B) Ein Gemälde an einer Wand oder Decke, aufgetragen auf frischen, feuchten Kalkputz
C) Ein kleines, tragbares Gemälde auf Holz oder Leinwand
D) Ein musikalisches Werk in der Oper

Frage 15: Welches dieser Bauwerke gilt nicht als Beispiel für gotische Architektur?

A) Der Kölner Dom
B) Notre-Dame de Paris
C) Der Schiefe Turm von Pisa
D) Das Ulmer Münster

Frage 16: Welche Musikrichtung wurde in den 1970ern in New York als Gegenkultur geboren?

A) Electro
B) Hip-Hop
C) Rock 'n' Roll
D) Punk

Frage 17: Welcher Filmemacher ist bekannt für die Schaffung einer weit entfernten Galaxie voller epischer Schlachten und ikonischer Charaktere?

A) Steven Spielberg
B) George Lucas
C) Quentin Tarantino
D) Alfred Hitchcock

Frage 18: Was bezeichnet das griechische Wort „theatron", von dem das Wort Theater abgeleitet ist?

A) Eine Maske
B) Eine Bühne
C) Ein Platz zum Schauen
D) Ein Lied

Frage 19: Welche Kunstbewegung ist bekannt für ihre Darstellung von lichtdurchfluteten Landschaften und alltäglichen Szenen, oft mit sichtbaren Pinselstrichen?

A) Impressionismus
B) Surrealismus
C) Kubismus
D) Expressionismus

Frage 20: Welches klassische Musikstück wird oft mit den Worten „Da-da-da-daaa" assoziiert und wer komponierte es?

A) „Die vier Jahreszeiten" von Vivaldi
B) „Eine kleine Nachtmusik" von Mozart
C) „Für Elise" von Beethoven
D) Die 5. Symphonie von Beethoven

Antworten:

1: C), 2: B), 3: D), 4: C), 5: B), 6: B), 7: C), 8: B), 9: C), 10: B), 11: B), 12: C), 13: B), 14: B), 15: C), 16: B), 17: B), 18: C), 19: A), 20: D)

DIY-Projekt: Mein persönliches Skizzenbuch

Was du brauchst:

- Ein leeres Notizbuch oder Skizzenbuch mit festem Einband ohne Linien oder Karos
- Stifte, Bleistifte, Marker, Farben, Scheren und was dir sonst noch interessant erscheint

Dein Skizzenbuch ist nicht nur ein Ort für Zeichnungen – es ist dein persönlicher kreativer Begleiter. Es ist ein lebendiges Dokument deiner Gedanken, Träume und Beobachtungen. Hier sind einige Anregungen:

- **Zeichnungen und Skizzen:** Nutze jede Gelegenheit, um zu zeichnen. Sieh dir die Menschen, Gebäude oder Landschaften an und halte fest, was dich inspiriert. Es muss nicht perfekt sein, sondern soll den Moment einfangen.
- **Collagen:** Schneide Bilder, Texte oder Muster aus, die dich ansprechen, und kreiere eigene Collagen. Die Collagen können ein Stimmungsbild sein, eine visuelle Geschichte erzählen oder einfach eine Sammlung von Dingen sein, die du magst.
- **Malereien:** Experimentiere mit Aquarell oder Acryl direkt in deinem Buch. Du kannst ein abstraktes Werk schaffen, eine Landschaft abbilden oder ein Porträt eines Freundes oder Fotos malen.

- **Gefundenes:** Klebe Objekte ein, die du auf deinen Wegen findest. Das kann alles sein – von einem schönen Blatt bis zu einem Konzertticket. Jedes gefundene Objekt erzählt eine Geschichte und kann als Ausgangspunkt für eine Zeichnung etc. dienen.
- **Tagebuchseiten:** Verwende Seiten, um über Erlebnisse, Gedanken oder Träume zu schreiben. Du kannst deine Texte mit Illustrationen, Farben oder Mustern umrahmen.
- **Fotografien:** Du kannst auch Fotos ausdrucken und einkleben. Vielleicht kommentierst du sie mit kleinen Zeichnungen oder Notizen.
- **Experimentiere mit Texturen:** Versuche, verschiedene Materialien oder Techniken auszuprobieren. Wie fühlt sich Sandpapier an, das du über eine Seite reibst, oder was passiert, wenn du Wachsmalstifte und Wasserfarben kombinierst?
- **Mindmaps und Brainstorming:** Nutze dein Skizzenbuch auch für kreative Projekte oder zur Lösung von Problemen. Visuelles Brainstorming kann neue Ideen und Lösungen hervorbringen.

 Mach dir keine Sorgen um Perfektion. Dieses Buch ist ein Raum für Experimente und Wachstum. Schau gerne mal in Cornelia Funkes Notizbücher, sie sind eine tolle Inspiration.

Rätsel

Stell dir vor, du lebst auf einer kleinen Insel mitten im Nirgendwo. Das Leben dort ist echt spannend. Du unternimmst tolle Abenteuer, wie Tauchen im glasklaren, türkisblauen Ozean, und Streifzüge durch das aufregende Dickicht des Dschungels. Das Leben ist super. Aber, die meiste Zeit ist es ganz schön heiß. Strom gibt es auf jeden Fall keinen, auf deiner kleinen Insel. Also auch keinen Kühlschrank und damit keinen erfrischenden Softdrink zum Abkühlen. Ein Trick könnte dir aber dabei helfen, zumindest einige Lebensmittel eine Zeit lang kühl zu lagern.

Wie kann man Lebensmittel kühlen, ohne Eis oder Strom zu benutzen?

4

Technikbrains:
Die Welt der Erfinder

Wahrscheinlich kennst du die Blindenschrift oder Eis am Stiel. Aber wusstest du auch, dass Teenager diese Erfindungen gemacht haben? Ja, richtig gelesen! Während die meisten von uns sich darüber Gedanken machen, welches Selfie wir als Nächstes posten, haben diese jungen Tüftler die Welt verändert.

Stell dir vor, du könntest mit deinen Fingerspitzen lesen – klingt wie eine Superkraft, oder? Aber für Louis Braille war es eine lebensverändernde Notwendigkeit. Mit 15 Jahren revolutionierte er die Welt für Menschen ohne Sehvermögen. Nach einem Unfall, der ihn als Kind erblinden ließ, erfand er die Brailleschrift. Diese Schrift besteht aus erhöhten Punkten auf Papier, die es Blinden ermöglichen, Texte durch Ertasten zu „lesen". Eine echte Pionierleistung.

Beeindruckend ist auch die Geschichte von Deepika Kurup, die mit 14 Jahren nicht einfach nur zusah, wie Menschen in Entwicklungsländern ohne Zugang zu sauberem Trinkwasser leiden und krank werden. Sie erfand eine kosteneffiziente und umweltfreundliche Wasserreinigungsanlage, die mit der Kraft der Sonne Bakterien abtötet und Wasser desinfiziert. Ihr Einfall beweist, dass junge Menschen mit ihren Ideen echte, nachhaltige Lösungen für globale Probleme liefern können.

Viele Erfindungen entstehen auch durch Zufall. So ging es dem elfjährigen Frank Epperson: Nachdem er über Nacht ein Glas Limonade mit einem Rührstab darin in der Kälte stehen gelassen hatte, entdeckte er am nächsten Morgen zufällig, dass er das erste Eis am Stiel erfunden hatte. Erst Jahre später patentierte er seine Erfindung, die zu einem der beliebtesten Desserts überhaupt wurde.

Du siehst also, es bedarf keiner jahrzehntelangen Erfahrung, um innovative Lösungen für Probleme zu entwickeln. Vielleicht trägst auch du eine revolutionäre Idee in dir. Also, worauf wartest du? Nutze deine Neugier und deinen Erfindergeist, um selbst aktiv zu werden! Vielleicht helfen dir die folgenden Erfindungen dabei:

Die großen Erfindungen der Geschichte

Stell dir mal eine Welt ohne Internet, Smartphones oder sogar ohne Strom vor. Klingt ziemlich öde, oder? Hier sind ein paar Erfindungen, die alles verändert haben:

Steinwerkzeuge: Die erste Revolution der Menschheit

Schließe für einen Moment deine Augen und gehe zurück in die Steinzeit. Du stehst in einer wilden, unberührten Landschaft, ohne Werkzeuge, ohne Technologie. Genau dort begann unsere Reise. Die Erfindung der Steinwerkzeuge war der erste große Clou der Menschheit – der Beginn unserer Fähigkeit, die Welt um uns herum zu formen. Diese simplen, aber revolutionären Werkzeuge ermöglichten es unseren Vorfahren, zu jagen, zu schneiden und zu überleben. Ein wahrer Gamechanger vor etwa 2,6 Millionen (!) Jahren, der die Bühne für alles, was folgen sollte, bereitete.

Die Entdeckung des Feuers: Ein Funke, der die Welt erleuchtete

Folgendes Szenario: Stromausfall nachts im Winter. Oder dein Handylicht geht während einer abendlichen Wanderung im Wald aus. Da wird es schnell dunkel, kalt und gruselig. Für unsere Vorfahren war das Standard. Ihnen brachte die Nacht stets undurchdringliche Dunkelheit, in der Kälte und wilde Tiere ständige Bedrohungen darstellten. In diese Welt brachte die Entdeckung des Feuers ein Licht der Hoffnung. Vor Tausenden von Jahren lernten unsere Vorfahren, das Feuer zu kontrollieren. Dies war nicht nur ein Schutz gegen die Dunkelheit und Kälte, sondern auch der Beginn einer kulinarischen Revolution, da das Kochen die Nahrungsaufnahme und das gemeinsame Abhängen veränderte.

Die Erfindung des Rades: Die Welt in Bewegung

Kommen wir zu einem weiteren Oldie: das Rad. Klingt heute vielleicht nicht mehr so spannend, aber ohne das Rad gäbe es keine Autos, keine Fahrräder, keine Skateboards, keinen beweglichen Gamingstuhl ... Die Erfindung des Rades vor mehr als 5.500 Jahren setzte die Welt in Bewegung. Vor dem Rad war der Transport eine Frage der Muskelkraft, von Menschen und Tieren getragen. Das Rad revolutionierte alles – vom Transport von Waren über weite Strecken bis hin zur Entwicklung von Wagen für Reisen und Kriegsführung.

Die Verbreitung des Buchdrucks: Wissen für alle

Im 15. Jahrhundert veränderte Johannes Gutenberg die Welt, indem er den Buchdruck mit beweglichen Lettern erfand. Diese Technologie verbreitete Wissen schneller und weiter als je zuvor und demokratisierte den Zugang zu Informationen. Bücher, die zuvor mühsam von Mönchen per Hand kopiert und nur den Reichen und Mächtigen vorbehalten waren, konnten nun in großen Massen produziert werden. Die Reformation, die Renaissance, die wissenschaftliche Revolution – all diese Bewegungen wurden durch die Verbreitung des Buchdrucks befeuert. Gutenbergs Erfindung war ein Schlüssel zur Bildung der modernen Welt.

Elektrizität: Die Energie, die die Moderne antreibt

Kannst du dir einen Tag ganz ohne Strom vorstellen? Keine Mikrowelle, kein Smartphone, keine Musik auf Knopfdruck, keine Gamingnächte. Die Beherrschung der Elektrizität durch Genies wie Benjamin Franklin und Nikola Tesla (ja, der Typ, nach dem das Auto benannt ist) im 18. und 19. Jahrhundert hat unsere Welt erhellt und uns die Tür in ein neues Zeitalter aufgestoßen. Elektrizität ist der Lebenssaft unserer modernen Existenz, der alles antreibt, von Glühbirnen über Autos bis zu Computern.

Das Telefon: Die Stimme aus der Ferne

Alexander Graham Bell brachte uns 1876 die Magie der Stimme, die durch Kabel fließt. Plötzlich konnten Worte riesige Distanzen überbrücken und Menschen konnten miteinander sprechen, auch wenn sie Welten voneinander entfernt waren. Das Telefon hat unsere Kommunikation komplett verändert und die Grundlage für das globale Dorf geschaffen, in dem wir heute leben. Okay, heute texten wir mehr, als dass wir telefonieren, aber stell dir vor, wir müssten immer noch Briefe per Postkutsche, Schiff oder Brieftaube schicken und Wochen bis Monate auf eine Antwort warten.

Das Auto: Karl Benz beschleunigt das Tempo

Vor Karl Benz war Reisen mühsam und langsam. Mit der Erfindung des ersten praktischen Autos hat der Deutsche 1886 nicht nur die Mobilität revolutioniert, sondern auch die Art und Weise, wie Städte gebaut und Gesellschaften organisiert wurden. Das Auto hat die Landschaft der menschlichen Zivilisation neu gezeichnet und uns wortwörtlich Wege zu neuen Horizonten eröffnet.

Röntgenstrahlen: Ein Blick ins Verborgene

Wilhelm Conrad Röntgen enthüllte 1895 eine unsichtbare Welt. Seine Entdeckung der Röntgenstrahlen gab der medizinischen Wissenschaft ein mächtiges Werkzeug an die Hand. Zum ersten Mal konnten Ärzte ins Innere des Menschen sehen, ohne direkt zum Skalpell greifen zu müssen. Ein Durchbruch, der Leben rettet und die Diagnostik bis heute prägt.

Das Internet: Das unsichtbare Netz, das die Welt verbindet

Was im 20. Jahrhundert als Projekt begann, um Informationen zu teilen, wuchs zu einem globalen Netzwerk heran, das die Welt verbindet. Das Internet hat unser Verhalten total verändert – von der Art, wie wir arbeiten, wie wir einkaufen, wie wir lernen bis hin zu wie wir mit Freunden in Kontakt bleiben. Das Internet ist wie eine riesige Bibliothek, ein Einkaufszentrum und ein Treffpunkt in einem. Es ist das Rückgrat der modernen Welt, ein unendliches Meer von Wissen und Möglichkeiten, aber es hat Suchtpotenzial.

Smartphones: Die Revolution in deiner Tasche

Das iPhone kam 2007 heraus und hat die Welt im Sturm erobert. Plötzlich hatten wir nicht nur ein Telefon, sondern einen kleinen Computer in der Tasche. Spiele, soziale Medien, Fotos, Videos – alles auf einem kleinen handlichen Gerät. Aber auch dieser kleine Computer kann süchtig machen. Wann hast du das letzte Mal ein paar Stunden ohne verbracht?

Mathe – überall um uns herum

Mathe ist nicht nur ein abstraktes Konstrukt, das in Schulen gelehrt wird, sondern eine universelle Sprache, die die Grundlage für das Verständnis der Welt um uns herum bildet. Hier sind einige Beispiele, die zeigen, wie Mathe in verschiedenen Aspekten der Realität präsent ist:

Natur und Mathe

Fibonacci-Sequenz und Goldener Schnitt: In der Natur findet man häufig die Fibonacci-Sequenz und den Goldenen Schnitt, die in der Anordnung von Blättern, den Verzweigungen von Bäumen, den Mustern von Blumenblüten und den Proportionen von Tieren auftreten. Diese Muster und Verhältnisse folgen mathematischen Regeln, die für ästhetische und strukturelle Effizienz sorgen.

Fraktale: Die Struktur von Schneeflocken, Berglandschaften, Wolkenformationen und Küstenlinien kann mit fraktaler Mathematik beschrieben werden. Fraktale sind komplexe geometrische Strukturen, die sich auf verschiedenen Skalen wiederholen und in der Natur weitverbreitet sind.

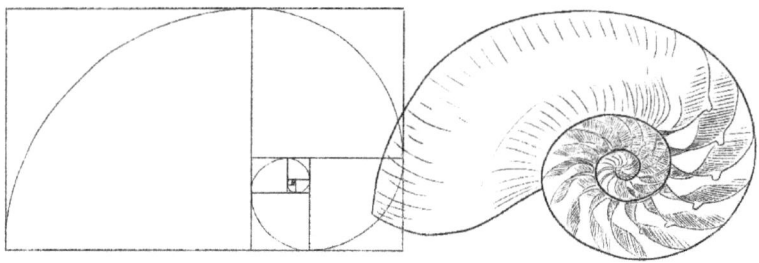

Technologie und Ingenieurwesen

Computerwissenschaft: Algorithmen, die Basis der Softwareentwicklung, sind mathematische Anweisungen, die Computer nutzen, um Probleme zu lösen und Aufgaben auszuführen. Von einfachen Rechenaufgaben bis hin zu komplexen Simulationen – Mathe ist der Schlüssel.

Architektur und Bauwesen: Die Konstruktion von Gebäuden, Brücken und anderen Strukturen erfordert präzise mathematische Berechnungen, um

Stabilität, Balance und Sicherheit zu gewährleisten. Geometrie, Trigonometrie und Algebra sind unerlässlich in diesen Feldern.

Wissenschaft und Forschung

Astronomie: Die Bewegung von Planeten, die Entfernung zu Sternen und die Dynamik von Galaxien werden mit mathematischen Gleichungen beschrieben. Keplersche Gesetze und Einsteins Relativitätstheorie sind Beispiele für mathematische Prinzipien, die unser Verständnis des Universums formen.

Quantenphysik: Die Quantenmechanik, die die Welt auf subatomarer Ebene beschreibt, basiert stark auf komplexer Mathematik. Ohne Mathe wäre unser Verständnis von Teilchen wie Elektronen, Photonen und Quantenzuständen unmöglich.

Wirtschaft und Gesellschaft

Statistik und Datenanalyse: Die Analyse von Daten spielt eine entscheidende Rolle in Wirtschaft, Medizin, Politik und vielen anderen Bereichen. Statistische Methoden ermöglichen es uns, Muster zu erkennen, Vorhersagen zu treffen und fundierte Entscheidungen zu treffen.

Kryptographie: Die Sicherheit von Online-Kommunikation und -Transaktionen beruht auf mathematischen Verschlüsselungsverfahren. Die Kryptographie nutzt komplexe Algorithmen, um Informationen sicher zu übermitteln und zu speichern.

Die Zukunft der Technik und KI

Das 21. Jahrhundert ist voll von Technologien, die wie Science-Fiction klingen, aber tatsächlich schon Realität sind oder kurz davor stehen, es zu werden. Von Genmanipulation bis hin zu Quantencomputern – die Möglichkeiten scheinen grenzenlos. Aber mit großer Macht kommt große Verantwortung, besonders wenn es um ethische Aspekte geht.

Genmanipulation: CRISPR-Cas9

CRISPR-Cas9 ist eine revolutionäre Technologie, die es Wissenschaftlern ermöglicht, das Erbgut von Organismen mit einer bisher unerreichten Präzision zu verändern. Das bedeutet, wir könnten in der Lage sein, genetische Krankheiten zu entfernen, bevor ein Kind geboren wird. Aber hier stellen sich große ethische Fragen: Sollten wir in das menschliche Erbgut eingreifen? Wo ziehen wir die Grenze? Sollen sich Eltern künftig „Designer-Babys" aus einem Katalog erschaffen können?

Künstliche Intelligenz und Robotik

KI und Robotik transformieren Arbeitsplätze, Haushalte und sogar das Schlachtfeld. Während Roboter das Potenzial haben, gefährliche oder monotone Arbeiten zu übernehmen, könnten sie auch Millionen von Jobs überflüssig machen. Und was passiert, wenn autonome Waffensysteme außer Kontrolle geraten?

Quantencomputing

Quantencomputer versprechen Rechenleistungen, die Probleme lösen könnten, an denen aktuelle Supercomputer scheitern. Sie könnten die Entwicklung neuer Medikamente beschleunigen oder komplexe Klimamodelle erstellen. Doch mit dieser Macht kommt das Risiko, dass bestehende Verschlüsselungsmethoden, die unsere Daten schützen, nutzlos werden. Die Sicherheit von Informationen und der Schutz der Privatsphäre in einer Welt mit Quantencomputern sind daher zentrale ethische Herausforderungen.

Virtuelle und Erweiterte Realität (VR/AR)

VR ist, als würdest du in dein Lieblingsspiel oder einen Film eintauchen, indem du eine spezielle Brille aufsetzt. Plötzlich tauchst du in eine komplette dreidimensionale Fantasiewelt ein. AR ist der kleine Bruder von VR, mit dem du die reale Welt um dich herum mit coolen digitalen Effekten aufpeppst: Du siehst beispielsweise durch dein Handy und plötzlich tauchen Pokémon in deinem Zimmer auf oder Infos zu Sternbildern schweben direkt neben den echten Sternen, wenn du nachts den Himmel anschaust. Beide Techniken verändern, wie wir lernen, kommunizieren und uns unterhalten. Aber wo ist die

Grenze zwischen gesunder Nutzung und Realitätsflucht? Und wie stellen wir sicher, dass diese Technologien für alle Menschen zugänglich sind?

Erneuerbare Energien und Geoengineering

Erneuerbare Energien sind wie der unendliche Akku der Natur, der sich aus Sonne, Wind, Wasser und Pflanzen speist, um sauberen Strom zu erzeugen, ohne die Erde auszubeuten oder den Planeten zu verschmutzen. Geoengineering ist wie das Spielen von Minecraft mit dem Planeten, wo Wissenschaftler große Ideen ausprobieren, um das Klima zu kühlen oder zu verändern, indem sie beispielsweise Sonnenlicht reflektieren oder CO_2 aus der Luft entfernen. Beides können Optionen sein, um die Klimakrise und Erderwärmung abzuschwächen. Doch Technologien, die das Klima direkt beeinflussen, könnten unvorhersehbare Folgen haben.

KI: Mehr als nur ein Programm

Stell dir vor, dass dein Smartphone nicht nur für Chats, Spiele und TikTok gut ist, sondern auch deinen Tag planen, dir bei den Hausaufgaben helfen und vielleicht sogar Witze erzählen könnte, die wirklich lustig sind. Künstliche Intelligenz ist dabei, in allem, was wir tun, eine Rolle zu spielen – sie hilft

Ärzten, Krankheiten zu erkennen, und macht selbstfahrende Autos zu einer Sache, die nicht mehr nur in Sci-Fi-Filmen existiert. KI-Systeme, die lernen, denken und sogar fühlen können wie ein Mensch, stehen kurz davor, nicht nur Routineaufgaben zu übernehmen, sondern auch komplexe Probleme zu lösen, die bisher menschliche Kreativität erforderten.

Alles wird smart

Ähnlich wie das Internet die Welt kleiner gemacht hat, wird KI sie intelligenter machen. Das Internet der Dinge (IoT), verbunden mit KI, verwandelt unsere Städte in smarte Ökosysteme, in denen alles von Ampeln bis zu Kühlschränken miteinander kommuniziert. Stell dir vor, dein Haus weiß, wann du nach Hause kommst, spielt schon mal deinen Lieblingssong und bestellt dein Lieblingsessen. Oder deine Sportschuhe geben dir Tipps, wie du schneller joggen kannst. Die Kombination aus menschlicher und künstlicher Intelligenz verspricht eine Welt, in der Technologie unsere Bedürfnisse antizipiert und uns erlaubt, unsere höchsten Potenziale zu erreichen und im maximalen Komfort zu leben.

Das Gehirn hinter dem Code

Genies wie Demis Hassabis, Mitbegründer von DeepMind, arbeiten an einer KI, die selbst lernen kann – ein bisschen so, als würde dein PlayStation-Spiel mit der Zeit herausfinden, wie es dich schlagen kann. Diese smarten KIs könnten bald neue Medikamente finden oder uns zeigen, wie wir besser auf unseren Planeten aufpassen können.

Die ethische Dimension

Die Frage, wie wir KI einsetzen und kontrollieren, ist zentral für die Gestaltung unserer Zukunft. KI muss fair spielen – sie sollte keine Vorurteile haben und unsere Privatsphäre und Autonomie respektieren. Die Zukunft der Technik und KI ist nicht nur eine Frage der technischen Machbarkeit, sondern auch der ethischen Weisheit.

Blockchain – Das coole digitale Notizbuch

Stell dir vor, du hast ein Notizbuch, das nicht nur von einer Person kontrolliert wird, sondern von einer ganzen Gruppe. Jedes Mal, wenn jemand etwas reinschreibt, wie eine Überweisung von digitalem Geld, checkt die ganze Gruppe, ob das auch stimmt. Das ist die Blockchain: ein super sicheres System, wo jede Aktion in einer Kette von Datenblöcken gespeichert wird und nicht mehr geändert werden kann, ohne dass es jeder mitbekommt. Wahrscheinlich kennst du die Blockchain in Verbindung mit Bitcoin, aber weißt du auch, was die Blockchain-Technologie sonst so alles drauf hat? Nicht nur für Tech-Nerds interessant:

- **Einkaufen mit gutem Gewissen:** Du willst wissen, ob deine Sneaker fair produziert wurden? Blockchain macht's möglich, den Weg deiner Klamotten vom Hersteller bis zu dir nachzuverfolgen. So kannst du sicher sein, dass du keine Produkte kaufst, die auf Kosten anderer hergestellt wurden.
- **Beim Arzt:** Mit Hilfe der Blockchain könnte dein Arzt direkt auf alle deine medizinischen Infos zugreifen. Kein Durcheinander mehr mit deinen Unterlagen, und du kriegst schneller die Hilfe, die du brauchst. Das kann Leben retten.
- **Online-Identität:** Nie wieder tausend Passwörter! Mit Blockchain könntest du eine digitale ID bekommen, super sicher und easy zu nutzen, egal ob fürs Online-Banking oder beim neuen Game-Account.
- **Wählen gehen, digital und sicher:** Wie cool wäre es, wenn du bei Wahlen einfach online abstimmen könntest, ohne Angst vor Manipulationen haben zu müssen? Blockchain könnte das real machen – sicher und transparent.
- **Deine Musik, dein Geld:** Wenn du Musik machst, könnte Blockchain dafür sorgen, dass du direkt bezahlt wirst, jedes Mal, wenn jemand deine Tracks hört. Kein Ärger mehr mit Labels oder komplizierten Verträgen.

Die Blockchain-Technologie ist echt ein Gamechanger in so vielen Bereichen – sie macht Dinge sicherer, transparenter und oft auch gerechter und direkter. Das Coole daran? Wir stehen erst am Anfang und können uns auf noch viel mehr spannende Entwicklungen freuen!

Blick in die Zukunft

Das 21. Jahrhundert steht im Zeichen der KI und Technik und ihrer unendlichen Möglichkeiten. Es ist, als hätten wir eine riesige Schatztruhe, die wir gerade erst aufmachen. Aber eins ist klar: Wir müssen diese Technologien klug und mit Herz nutzen, damit sie uns allen etwas bringen.

 Jede dieser Technologien hat das Potenzial, unsere Welt zum Besseren zu verändern, aber sie bringen auch ernste ethische Fragen mit sich. Die Herausforderung wird sein, sicherzustellen, dass wir diese Technologien in einer Weise vorantreiben, die die Menschlichkeit respektiert, Ungleichheiten nicht verstärkt und unseren Planeten für die Zukunft bewahrt.

Tech-Quiz des 21. Jahrhunderts: KI, Blockchain & mehr

Bist du bereit, dein Wissen rund um KI, Blockchain und weitere spannende technologische Entwicklungen zu testen?

Frage 1: Welche Technologie ermöglicht es, Transaktionen sicher und ohne zentrale Autorität zu verifizieren?

A) Das Internet
B) Künstliche Intelligenz (KI)
C) Blockchain
D) Virtual Reality

Frage 2: Was ist der Hauptvorteil von Künstlicher Intelligenz in der Medizin?

A) Sie kann den Bedarf an Ärzten reduzieren.
B) Sie kann Diagnosen und Behandlungen schneller und genauer machen.
C) Sie ersetzt menschliches medizinisches Personal.
D) Sie macht Medikamente überflüssig.

Frage 3: Was versteht man unter dem Internet der Dinge (IoT)?

A) Eine Sammlung von Webseiten
B) Vernetzte Geräte, die Daten sammeln und austauschen.
C) Eine neue Art von sozialen Medien
D) Ein globales Netzwerk von Computern

Frage 4: Welche Kryptowährung war die erste, die auf der Blockchain-Technologie basierte?

A) Ethereum
B) Ripple
C) Litecoin
D) Bitcoin

Frage 5: Wofür steht die Abkürzung „VR"?

A) Virtuelle Realität
B) Vernetzte Realität
C) Variable Realität
D) Verifizierte Realität

Frage 6: Welche Technologie wird wahrscheinlich unsere Computernutzung verändern, weil sie die Fähigkeit hat, Probleme viel schneller zu lösen als herkömmliche Computer?

A) Blockchain
B) Quantencomputing
C) Augmented Reality
D) Cloud Computing

Frage 7: Welches Gerät hat die Art und Weise, wie wir kommunizieren, fotografieren und uns informieren, grundlegend verändert, seit es 2007 eingeführt wurde?

A) Das Smartphone
B) Der Laptop
C) Der MP3-Player
D) Die Digitalkamera

Frage 8: Was ist eine potenzielle Gefahr der Künstlichen Intelligenz?

A) Sie ersetzt alle menschlichen Lehrer.
B) Sie kann nur einfache Aufgaben erledigen.
C) Sie funktioniert nur bei gutem Wetter.
D) Sie könnte zu intelligent werden und außer Kontrolle geraten.

Frage 9: Welche Technologie wird verwendet, um digitale Kunstwerke und Sammlerstücke als einzigartig zu verifizieren?

A) SEO
B) NFC
C) NFT
D) VPN

Frage 10: Was ermöglicht 5G im Vergleich zu früheren Mobilfunkgenerationen?

A) Langsamere Download-Geschwindigkeiten
B) Geringere Gerätevernetzung
C) Höhere Datenübertragungsgeschwindigkeiten und geringere Latenz
D) Ausschließlich bessere Sprachanrufe

Frage 11: Welches Konzept beschreibt Maschinen, die Materialien Schicht für Schicht auftragen, um dreidimensionale Objekte zu erstellen?

A) CNC-Maschinen
B) 3D-Druck
C) Lasergravur
D) Stanzen

Frage 12: Was ist ein Hauptanwendungsgebiet von Augmented Reality (AR)?

A) Ersetzen von Computerbildschirmen
B) Überlagern von digitalen Informationen in die reale Welt
C) Erzeugen komplett virtueller Umgebungen
D) Datenspeicherung

Frage 13: Welches Gerät wird oft für Smart Homes verwendet, um Heizung, Beleuchtung und Sicherheitssysteme zu steuern?

A) Smartwatch
B) Smartphone
C) Smart Speaker
D) Tablet

Frage 14: Was ist Deep Learning?

A) Ein Bereich der Künstlichen Intelligenz, der Netzwerke nutzt, die ähnlich wie das menschliche Gehirn funktionieren.
B) Ein neues Schulfach
C) Ein Computerspiel
D) Eine Meditationstechnik

Frage 15: Für was könnte die Blockchain-Technologie NICHT verwendet werden?

A) Zur Sicherung von Kryptowährungstransaktionen
B) Zum Schutz vor Viren auf dem Computer
C) Zur Verfolgung der Lieferkette von Lebensmitteln
D) Zum Erstellen fälschungssicherer digitaler Verträge

Antworten:

1: C), 2: B), 3: B), 4: D), 5: A), 6: B), 7: A), 8: D), 9: C), 10: C), 11: B), 12: B), 13: C), 14: A), 15: B)

Projekt: Deine erste coole Erfindung

Dieser coole DIY-Mini-Kühlschrank nutzt Verdunstungskälte und ist perfekt, um Getränke oder Obst an heißen Tagen frisch zu halten.

Was du brauchst:

- Zwei unterschiedlich große, aber nicht zu große Keramiktöpfe (der kleinere muss in den größeren passen, mit etwas Platz dazwischen)
- Sand
- Einige Baumwolltücher oder ein altes Baumwollshirt
- Wasser
- Ein Deckel, der auf den größeren Topf passt (kann aus Metall, Holz oder einem weiteren Stofftuch bestehen)

1. Stelle den kleineren Keramiktopf in den größeren. Fülle den Raum zwischen ihnen mit Sand. Er speichert die Feuchtigkeit und macht eine Verdunstungskühlung möglich.
2. Gieße Wasser in den Raum zwischen den Töpfen, bis der Sand vollständig nass ist, aber nicht im Wasser steht. Es ist wichtig, dass der Sand feucht bleibt, also solltest du regelmäßig nachfüllen.
3. Nimm die Baumwolltücher oder das zerschnittene Baumwollshirt und mach sie nass. Lege sie dann über den kleineren Topf und lass sie über die Seiten hängen, sodass sie Kontakt mit dem nassen Sand haben. Dies fördert die Verdunstung, die für die Kühlung sorgt.
4. Verwende einen Deckel, um den größeren Topf abzudecken. Wenn du keinen passenden Deckel hast, kannst du auch ein weiteres nasses Tuch darüberlegen. Dies hilft, die kühle Luft im Inneren zu halten und die Verdunstung zu maximieren.
5. Stelle deinen Mini-Kühlschrank an einen trockenen, schattigen Ort. Je trockener die Umgebungsluft, desto effektiver ist die Verdunstungskühlung.

Dieser Mini-Kühlschrank nutzt das Prinzip der Verdunstungskälte. Wenn Wasser verdunstet, entzieht es der Umgebung Wärme, was zu einer Abkühlung führt. Der nasse Sand und die Tücher verdunsten langsam, wodurch die Luft im inneren Topf gekühlt wird. So bleiben deine Getränke oder Snacks angenehm kühl.

Rätsel

Im nächsten Kapitel erfährst du etwas über verschiedene Staats- und Regierungsformen. Nehmen wir einmal an, deine Schule wäre ein Staat, in dem es so abläuft: Der Schuldirektor, ein echter Kontrollfreak, hat Kameras in jeder Ecke der Schule installiert und er bestimmt über alles und jeden. Er legt fest, was du tun und lassen darfst. Und sagt dir sogar, was du denken sollst.

Wie heißt die Staatsform, der dein Schulbeispiel am nächsten kommt?

5

Gesellschaft und Politik: Gestalte deine Welt

Stell dir vor, du lebst in einer Welt, in der Ungerechtigkeit und Unterdrückung an der Tagesordnung sind. Ein Mensch entscheidet sich, genau dagegen etwas zu unternehmen. Er wird zu einem echten Helden, nicht weil er super stark ist oder fliegen kann, sondern weil er etwas viel Mächtigeres benutzt hat: Frieden und Hartnäckigkeit. Die Rede ist von Mahatma Gandhi.

 Gandhis Geschichte zeigt der Welt, dass man mit Mut, Ausdauer und der Bereitschaft, für das Richtige einzustehen, auch die härtesten Herausforderungen überwinden kann.

Dieser schlanke Mann mit Brille und dem berühmten weißen Tuch war einmal ein junger Anwalt in Südafrika, der gegen die dortige Diskriminierung kämpfte. Aber seine wahre Mission begann, als er nach Indien zurückkehrte. Indien war damals unter britischer Herrschaft, und Gandhi fand, es sei an der Zeit, dass sich das Ganze ändert. Anstatt zu den Waffen zu greifen, entschied er sich für etwas Revolutionäres: den gewaltfreien Widerstand. Er organisierte Märsche, Hungerstreiks und rief zum Boykott britischer Waren auf, alles ohne einen Schlag oder Schuss. Seine Geduld und sein Mut inspirierten Millionen, und schließlich, nach vielen Jahren des friedlichen Widerstandes, erlangte Indien 1947 seine Unabhängigkeit. Gandhis Botschaft der Liebe, des Friedens und der Gewaltlosigkeit hat Menschen rund um den Globus inspiriert.

Gesellschaft – Was ist das überhaupt?

Eine Gesellschaft ist im Grunde eine große Gruppe von Leuten, die in einer Gemeinschaft zusammenleben, ähnliche Werte und Normen sowie Kulturen und Institutionen teilen und sich an bestimmte Regeln halten, damit das Zusammenleben klappt. Sprich, alle haben eine grobe gemeinsame Idee davon, was richtig und was falsch ist, wo man Grenzen zieht und wie man mit Problemen umgeht.

Es geht darum, dass alle irgendwie klarkommen, ihre Bedürfnisse erfüllen und gemeinsam chillen oder Probleme lösen können. Gesellschaften können sehr unterschiedlich sein, je nach ihrer Größe, ihren sozialen Schichten, ihren Regierungssystemen und durch die Art und Weise, wie sie Wirtschaft betreiben.

Klingt das zu abstrakt? Schauen wir uns mal ein Beispiel an: Während Deutschland für seine direkte Kommunikation, Effizienz und seine strukturierten sozialen Systeme bekannt ist, bietet Japan einen Kontrast, der durch subtile Kommunikation, tief verwurzelten Respekt und eine starke Betonung der Gemeinschaft gekennzeichnet ist.

In Japan spielt das Konzept des „Wa", der Harmonie, eine zentrale Rolle. Es geht darum, Konflikte zu vermeiden und die Harmonie in der Gruppe zu wahren. Das bedeutet oft, dass persönliche Meinungen oder Bedürfnisse zurückgestellt werden, um das Wohl der Gruppe zu sichern. Es geht also nicht um dich als Individuum, sondern um das große Ganze, und zwar bei Meetings ebenso wie in der Familie oder in der Bahn.

Die Kommunikation in Japan ist oft indirekt und subtil. Nicht verbale Hinweise und das, was nicht gesagt wird, sind genauso wichtig wie die tatsächlichen Worte. Im Gegensatz dazu ist die deutsche Kommunikation typischerweise direkt und unverblümt, wobei Wert darauf gelegt wird, klar und präzise zu sein. „Nein" zu sagen, ist in Japan beispielsweise eher unüblich, weil man niemanden in eine unangenehme Situation bringen möchte. Stattdessen sagen Japaner beispielsweise: „Es ist ein wenig schwierig …", „Ich bin nicht sicher, ob es geht …" oder „Ich werde darüber nachdenken …". Solche Ausdrücke geben der anderen Person zu verstehen, dass die Antwort wahrscheinlich „Nein" ist, ohne es direkt zu sagen.

Respekt gegenüber Älteren und Autoritätspersonen ist ein weiteres fundamentales Prinzip der japanischen Gesellschaft. Dieser Respekt wird in verschiedenen sozialen Ritualen ausgedrückt, wie der Verbeugung, die je nach Status und Situation in ihrer Tiefe variiert. In Deutschland, obwohl Respekt wichtig ist, gibt es eine größere Betonung der Gleichheit, die in einem weniger formalen Umgang mit Autorität und Hierarchien resultiert. Und das sind nur einige wenige Beispiele an Unterschieden.

Bedeutung des Wortes „Society" und Wandel von Gesellschaften

Das Wort „Society", also Gesellschaft, kommt aus dem Lateinischen und bedeutet so was wie „Freundschaft" oder „Zusammenhalt". Bereits in der Steinzeit haben sich Menschen zu Gruppen zusammengetan, um besser jagen, Nahrung finden und überleben zu können. Als die Leute anfingen, sich niederzulassen und Landwirtschaft zu betreiben, wurden aus diesen Gruppen größere Communitys mit mehr Struktur.

Mit der Zeit entwickelten sich diese Gruppen weiter, bildeten Stämme, später Städte und Staaten. Sie legten sich eigene Kulturen, Sprachen und Religionen zu. Später kamen dann Gesetze dazu, um festzulegen, was in Ordnung ist. Häufig wurde die Religion oder ein Gott als gemeinsames Glaubensfundament genutzt. Einerseits konnte Unerklärliches damit erklärt werden, wie Blitze oder Dürren. Andererseits brachte ein gemeinsamer Glaube die Menschen enger zusammen. Er ließ sie wundervolle Projekte erschaffen, die bis heute sichtbar sind, wie Stonehenge, alte Kirchen etc. Mit der Zeit wurden die Gesellschaften immer komplexer, einschließlich der Entstehung von Klassen- und Kastensystemen, Wirtschaftssystemen und Regierungsformen.

 Soziologen, also Wissenschaftler, die sich mit dem Zusammenleben von Menschen beschäftigen, checken aus, wie Gesellschaften funktionieren und sich entwickeln. Manche denken, Konflikte zwischen verschiedenen Gruppen treiben die Gesellschaft voran, wie zum Beispiel Karl Marx. Andere glauben, dass gemeinsame Werte und Einigkeit der Schlüssel sind, wie Émile Durkheim.

Heutzutage stehen Gesellschaften vor riesigen Herausforderungen wie der Globalisierung, also dass die Welt immer mehr zusammenwächst, dem Klimawandel, der Ungleichheit und extrem schnellen Veränderungen durch neue Technologien. Das beeinflusst total, wie wir leben und miteinander klarkommen. Und es sorgt dafür, dass sich Gesellschaften immer weiter verändern und anpassen.

Wie unsere Gesellschaft funktioniert

Okay, lass uns checken, wie die Gesellschaft in Deutschland heute so tickt und was das Leben in unserem Land so besonders macht:

Kindergarten, Schule und Bildung

In Deutschland fängt alles mit dem Kindergarten und dann der Schule an. Hier lernst du nicht nur Mathe und Englisch, sondern auch, wie man mit anderen Menschen umgeht. Nach der Schule kannst du entscheiden, ob du studieren, eine Ausbildung machen oder vielleicht sogar ein Gap Year einlegen willst, um herauszufinden, was du wirklich machen möchtest. Die coolen Sachen? Es gibt Schulen und Unis für fast alles, was du dir vorstellen kannst, und Bildung ist meist kostenlos oder ziemlich günstig. Du kannst also so ziemlich alles werden, was du möchtest, wenn du dich ins Zeug legst.

Arbeit und Berufe

Arbeit ist ein großer Teil des Lebens in Deutschland. Es gibt eine riesige Vielfalt an Jobs, von Ingenieuren über Krankenpfleger bis hin zu Game-Designern. Deutschland ist besonders bekannt für seine Autos und seine Technologie – also, wenn du ein Fan von Autos oder Tech-Kram bist, bist du hier goldrichtig. Arbeit ist aber nicht nur dazu da, um Geld zu verdienen. Sie soll auch erfüllen und Spaß machen.

Soziale Sicherheit

Eines der coolsten Dinge in Deutschland ist das soziale Sicherheitsnetz. Das bedeutet, wenn du krank bist, arbeitslos wirst oder in Rente gehst, lässt dich der Staat nicht im Stich. Es ist ein bisschen so, als wäre jeder Bürger mit einem unsichtbaren Sicherheitsgurt angeschnallt. In Australien beispielsweise bekommst du kein Geld, wenn du krank bist und nicht bei der Arbeit erscheinen kannst. Unfair? Dort findet man das ganz normal.

Freizeit und Kultur

Deutsche lieben ihre Freizeit – sei es im Biergarten chillen, grillen, Fußball spielen oder eines der vielen Festivals besuchen. Musik, Kunst, Theater – für jeden ist etwas dabei. Und lass uns nicht die Reisen vergessen! Mit einem starken Pass und der Nähe zu so vielen anderen Ländern ist Deutschland der perfekte Startpunkt für Abenteuer.

Regeln und Gesetze

Deutschland hat viele Regeln und Gesetze, die dafür sorgen, dass alles reibungslos läuft. Manchmal kann es ein bisschen streng wirken, aber diese Regeln helfen, dass jeder fair behandelt wird und die Dinge ordentlich bleiben.

Herausforderungen und Chancen

Klar, nicht alles ist perfekt. Deutschland steht vor Herausforderungen wie dem Klimawandel, der Integration von Menschen aus anderen Ländern und der Sicherstellung, dass die Technologie allen zugutekommt und nicht nur einigen wenigen. Aber mit den starken Institutionen, dem Fokus auf Bildung und einer Kultur, die Innovation und Diversität wertschätzt, arbeiten die Leute hier hart daran, diese Herausforderungen zu meistern.

Was ist typisch deutsch?

Deine Umgebung prägt dich in so einem Ausmaß, dass es dir häufig erst bewusst wird, wenn du dich in einer ganz anderen Gesellschaft befindest. Lass uns mal mit einem zwinkernden Auge sehen, inwiefern die deutschen Klischees auf dich zutreffen:

- **Always on time:** Wenn du in Deutschland sagst, dass du um 15 Uhr da bist, dann meinen das alle auch so. Nicht 15:05, sondern Punkt 15 Uhr. Pünktlichkeit ist mega wichtig. So wichtig, dass viele Deutsche bereits um 14:45 erscheinen. Pünktlich zu sein wird bei uns als Zeichen von Respekt und Zuverlässigkeit gesehen.

- **Brot, Brötchen und Gebäck:** Deutschland hat mehr Brotsorten, als du Selfies auf dem Handy hast. Vom krustigen Sauerteig bis zu fluffig weichen Brötchen. Brot ist hier big und wird täglich ein- bis zweimal gegessen. Vermisst du im Urlaub nicht auch manchmal ein richtig knuspriges Brot?

- **Gründlichkeit und Effizienz:** Ob Hausaufgaben, Fußball spielen oder eine Rakete bauen – Deutsche stehen auf Gründlichkeit und machen Sachen nicht nur halb. Für diese hohe und durchdachte Qualität sind wir weltweit bekannt.

- **Freie Fahrt für freie Bürger:** Einige Autobahnen haben kein Speed-Limit. Kann cool sein, aber auch ein bisschen scary, wenn dich jemand mit 200 km/h überholt. Für die Deutschen und ihre Liebe zu Autos ist dieser Adrenalinkick ein Zeichen von Freiheit.

- **Fußball ist Leben:** Fußball ist in Deutschland eine Art Religion. Die Bundesliga ist wie die Champions League des Alltags, und wenn die WM läuft, steht das ganze Land Kopf.

- **Bier und Oktoberfest:** Deutschland ist bekannt für seine Bierkultur und das jährliche Oktoberfest in München, das größte Volksfest der Welt, bei dem Bier in großen Maßen konsumiert wird und das Dirndl der letzte Hingucker ist.

- **German Angst:** Deutsche sind besonders vorsichtig, besorgt oder ängstlich in Bezug auf verschiedene Risiken und Unsicherheiten. Manchmal wird die German Angst auch als Pessimismus oder als die Sorge vor schlechten Ereignissen beschrieben.

- **Versicherungen:** Deutschland hat eine der höchsten Dichten an Versicherungen weltweit. Die Deutschen lieben es, alles Mögliche zu versichern – von Autos und Gesundheit bis hin zu spezielleren Dingen. Zum Beispiel kannst du sogar dein Haus dagegen versichern, dass ein Flugzeug darauf abstürzt! Klingt ziemlich verrückt, oder? Vielleicht nimmt uns das etwas von unserer German Angst.

- **(Schreber-)Garten:** Viele Deutsche haben einen kleinen Garten, den sie hegen und pflegen, als gäbe es einen Preis für die perfekte Tomate. Das Gärtnern zeigt die deutsche Sehnsucht nach einem kleinen Stück Natur und Ruhe.

- **Weihnachtsmarkt-Feeling:** Sobald es kalt wird, poppen überall Weihnachtsmärkte auf, mit Glühwein, gebrannten Mandeln und jeder Menge Lichtern. Auch dafür ist Deutschland bekannt.
- **Umwelt first:** Deutsche sind ziemlich umweltbewusst. Fahrradfahren, Pfandflaschen sammeln, recyclen, erneuerbare Energien, vegetarische Ernährung und Energie sparen sind hier keine Trends, sondern Normalität. Im Ausland werden teilweise sogar extra für Deutsche verschiedene Mülltonnen aufgestellt, um danach alles wieder zusammen in eine Tonne zu kippen.

Na, hast du dich in der ein oder anderen Beschreibung wiedererkannt? Wichtig ist, nicht jeder Deutsche passt in diese Schubladen, und das ist auch gut so. Die Vielfalt macht's aus.

Was ist Politik eigentlich?

Das Wort „Politik" hat seinen Ursprung im Griechischen und bedeutet so viel wie „was die Stadt betrifft". Schon im alten Athen haben Männer wie Platon und Aristoteles sich den Kopf darüber zerbrochen, wie man am besten regiert, wie man fair bleibt und wie man sicherstellt, dass nicht einer allein die ganze Macht hat. Sie haben auch überlegt, was die Rolle des Einzelnen in diesem System ist.

Politik ist also quasi das Regelwerk, nach dem Länder und Gemeinschaften entscheiden, wie sie leben wollen. Es geht darum, wer was entscheidet, wer die Macht hat und wie die Ressourcen, also das Geld, Land etc. verteilt werden. Wenn beispielsweise deine Schule entscheidet, wie lang die Pausen sein sollen oder ob Handys erlaubt sind, wie die Schulordnung ist etc. – dann ist das im Kleinen auch Politik. Und da kannst du als Klassen- oder Schülersprecher bereits zur Stimme deiner Mitschüler werden.

Kurz gesagt: Politik ist, wie wir als Gesellschaft Entscheidungen treffen. Und obwohl das manchmal kompliziert und ein bisschen anstrengend sein kann, ist es superwichtig, weil es darum geht, wie wir alle zusammenleben.

Demokratie, Oligarchie oder Anarchie: Die verschiedenen Styles

Deutschland ist eine Demokratie. Es gibt aber noch ganz andere Staats- und Regierungsformen. Schauen wir uns diese einmal an:

Demokratie

Du kennst das sicher: Du und deine Freunde habt die Wahl, welchen Film ihr gucken wollt. Jeder hat eine Stimme, und die Mehrheit entscheidet. Das ist Demokratie im Mini-Format. In der Schweiz wird diese direkte Demokratie genutzt und alle erwachsenen Bürger können bei einer Volksabstimmung über ein Gesetz abstimmen. Dann gibt es da noch die indirekte Demokratie, bei der eine Gruppe von Menschen einen Repräsentanten wählt, der ihre Interessen vertritt. So wie dein Klassensprecher beispielsweise für die gesamte Klasse spricht. In Ländern wie Deutschland, Kanada oder Australien können die Bürger durch Wahlen mitbestimmen, wer im Land das Sagen hat. Die gewählten Politiker entscheiden dann über Themen wie Gesetze, Steuern oder Umweltschutz.

 Während seiner Geschichte hat sich Europa von einer „Mach das, was der Typ mit der Krone sagt"-Gesellschaft zu einem Ort entwickelt, wo du fast alles sein kannst, was du willst. Aber mit der Freiheit kommt auch Verantwortung – für unseren Planeten, unsere Mitmenschen und unsere Zukunft.

Autokratie

Nehmen wir einmal an, dein Schuldirektor würde alles alleine entscheiden, ohne jemanden zu fragen. So ähnlich läuft es in Autokratien, wo ein einzelner Boss oder eine kleine Gruppe alles bestimmt. Beispiele dafür sind Nordkorea unter Kim Jong-un oder Russland, wo Wladimir Putin ziemlich viel Macht hat.

Deutschland hatte in seiner Vergangenheit lange Zeit Monarchien. Dabei hat ein König oder eine Königin oder ein(e) Kaiser(in) das Sagen und herrscht alleine. Die Krone wird vererbt.

Eine weitere Form von Autokratie ist die Diktatur, bei der ein einzelner Führer das Sagen hat. Die Macht wird oft durch Gewalt oder Unterdrückung ergriffen und aufrechterhalten. Adolf Hitler ist das Paradebeispiel dafür, was bei einer Diktatur so alles schiefgehen kann.

Oligarchie

Das ist so, als würde eine Clique in der Schule bestimmen, was abgeht, weil ihre Eltern reich sind oder sie die größten Muskeln haben. In manchen Ländern haben wenige Familien oder Gruppen die meiste Macht, die auf Familieneinfluss, militärischer Stärke und Reichtum basiert. Oligarchien können Elemente von Demokratien und Autokratien enthalten, aber die Macht konzentriert sich auf eine kleine Elite.

Theokratie

Wenn in deiner Schule alle Entscheidungen von der Religionslehrerin getroffen werden würden, wäre das mit einer Theokratie vergleichbar. Die Lehrerin entscheidet in diesem System, was moralisch und ethisch richtig ist. Sie bestimmt nach ihren religiösen Überzeugungen und Werten, welche Regeln gelten, wie Konflikte gelöst werden und sogar, welche Fächer gelehrt werden. Bei einer Theokratie haben religiöse Leader das Sagen und entscheiden nach ihren religiösen Regeln. Hier wird angenommen, dass die politische Autorität direkt von einer göttlichen Macht abgeleitet ist. Ein Beispiel ist der Iran, wo die politischen Mächte stark von religiösen Führern beeinflusst sind.

Totalitäre Systeme

Totalitäre Staaten kontrollieren das Leben ihrer Bürger komplett, wie es früher in der Sowjetunion unter Stalin der Fall war. Das ist, als hätte der Schuldirektor Kameras in jeder Ecke und würde über alles und jeden bestimmen. Er legt fest, was du tun und lassen darfst, sogar, was du denkst oder denken sollst. Totalitäre Systeme nutzen Propaganda, Überwachung, Zensur und oft Gewalt, um absolute Autorität zu behaupten und jeglichen Widerstand zu unterdrücken. Wer hier aus der Reihe tanzt, hat ein Problem.

Föderalismus

Föderalismus ist zum Beispiel, wenn jede Klasse eigene Regeln hat, die zusätzlich zu den Schulregeln gelten. Unser Schulsystem ist ein Beispiel für Föderalismus, da jedes Bundesland eigene Lehrpläne hat, aber es überall in Deutschland ein Abitur gibt.

Anarchie

Das wäre, als ob es plötzlich keine Lehrer, keinen Direktor und keine Regeln mehr gibt. Jeder macht, was er will. Klingt erst mal cool, aber ohne Regeln kann es schnell chaotisch und unfair werden und die Geschichte zeigt, dass sich eine Gesellschaft nie lange in diesem Zustand befindet.

 Politik kann superkomplex sein, aber im Endeffekt geht es immer darum, wie Menschen zusammenleben und ihre Probleme lösen wollen.

Quiz: Gesellschaft und Politik

Dieses Quiz über Gesellschaft und Politik wird dein Wissen über aktuelle und historische Ereignisse auf die Probe stellen!

Frage 1: Was bedeutet „Demokratie"?

A) Regierung durch einen König oder eine Königin
B) Keine Regierung

C) Regierung durch eine kleine Gruppe von Experten
D) Regierung durch das Volk

Frage 2: Welches Land gilt als Beispiel für eine direkte Demokratie?

A) USA
B) Schweiz
C) Russland
D) China

Frage 3: Was ist eine „Monarchie"?

A) Eine Regierungsform, bei der eine Person (meist ein König / eine Königin) die höchste Autorität hat.
B) Eine Regierungsform, bei der das Volk direkt abstimmt.
C) Eine Regierungsform, die nur in antiken Zivilisationen existierte.
D) Ein politisches System ohne Regeln und Gesetze

Frage 4: Was versteht man unter „Theokratie"?

A) Eine Regierungsform, bei der alle Bürger gleichzeitig regieren.
B) Eine Gesellschaft, die von Technologie regiert wird.
C) Eine Regierungsform, bei der Wissenschaftler und Experten die Entscheidungen treffen.
D) Eine Regierungsform, bei der religiöse Führer die Macht haben.

Frage 5: Wer war Martin Luther King Jr.?

A) Ein Bürgerrechtler, der für die Gleichberechtigung in den USA kämpfte.
B) Ein berühmter König im mittelalterlichen Europa
C) Ein Erfinder der modernen Demokratie
D) Ein Schauspieler aus Hollywood-Filmen

Frage 6: Was sind „Grundrechte"?

A) Die Rechte, die Menschen beim Kauf eines Grundstücks erhalten.
B) Rechte, die man durch eine Mitgliedschaft in einem Club erhält.

C) Die Rechte, die nur erwachsenen Bürgern zustehen.

D) Rechte, die allen Bürgern eines Landes zustehen, wie Meinungsfreiheit und Gleichheit vor dem Gesetz.

Frage 7: Was ist eine „Diktatur"?

A) Eine Party, bei der alle Gäste Masken tragen.

B) Ein politisches System, in dem eine Person oder eine kleine Gruppe unkontrollierte Macht ausübt.

C) Ein altes Buch über Dinosaurier

D) Eine Gesellschaft, in der jeder tun und lassen kann, was er will.

Frage 8: Was bedeutet es, wenn ein Land als „föderal" bezeichnet wird?

A) Das Land wird von außerirdischen Kräften regiert.

B) Die nationale Regierung hat alle Macht, und lokale Regierungen haben keine eigene Autorität.

C) Die Macht ist zwischen einer zentralen Regierung und verschiedenen regionalen Regierungen aufgeteilt.

D) Das Land folgt strikt den Regeln einer einzigen politischen Partei.

Frage 9: Welches Land ist bekannt für seine Neutralität und hat seit 1815 an keinen ausländischen Kriegen teilgenommen?

A) Schweiz

B) Schweden

C) Australien

D) Japan

Frage 10: Was ist eine „Volksabstimmung"?

A) Eine Talent-Show, bei der das Volk über den besten Sänger abstimmt.

B) Eine Methode in direkten Demokratien, bei der die Bürger direkt über Gesetze oder politische Entscheidungen abstimmen.

C) Ein Wettbewerb, bei dem das Volk den nächsten Filmstar wählt.

D) Eine neue Social-Media-App für politische Diskussionen

Frage 11: Wer oder was sind die „Vereinten Nationen"?

A) Ein Sportteam, das aus Spielern aller Länder besteht.
B) Ein exklusiver Club für Politiker
C) Ein jährliches Musikfestival mit Künstlern aus der ganzen Welt
D) Eine internationale Organisation, die darauf abzielt, Frieden zu sichern, Armut zu bekämpfen und globale Probleme zu lösen.

Frage 12: Was versteht man unter „Globalisierung"?

A) Ein weltweiter Kochwettbewerb
B) Das Phänomen, dass alle Globen die gleiche Karte verwenden.
C) Der Prozess, durch den Unternehmen, Kulturen und Regierungen weltweit immer mehr connected und voneinander abhängig werden.
D) Eine globale Erwärmung, die das Klima verändert.

Antworten:

1: D), 2: B), 3: A), 4: D), 5: A), 6: D), 7: B), 8: C), 9: A), 10: B), 11: D), 12: C)

Projekt: Bau dir deine eigene Welt!

Kannst du dir vorstellen, die Welt ein bisschen besser zu machen oder zumindest mal durchzuspielen, wie das gehen könnte? Dann ist hier dein Projekt:

1: Werde zum Welten-Detektiv

Check mal, wie die verschiedenen Länder dieser Erde so ticken. Wie läuft's in einer Demokratie? Was geht in einer Monarchie ab? Und wie sieht der Alltag in einer Theokratie aus? Einen kurzen Überblick haben wir dir ja schon gegeben. Nun ist es an der Zeit, tiefer zu graben. Google, YouTube und Bücher sind deine besten Freunde für diese Mission. Ziel ist es, die coolsten und vielleicht auch die nicht so coolen Seiten jeder Gesellschaftsform zu erkennen.

2: Dein Masterplan

Jetzt wird's kreativ. Mal angenommen, du könntest von null anfangen. Wie würde deine perfekte Welt aussehen? Schreib eine Story, mach ein Video, zeichne eine Comic-Weltkarte – was auch immer dir Spaß macht. Hier sind ein paar Fragen, um deinen Geist anzuregen:

- **Politik-Style:** Wie soll die Gemeinschaft regiert werden? Direkt vom Volk aus? Durch einen megaweisen König oder eine Königin? Oder erfindest du was ganz Neues?
- **Fairness-Check:** Wie sorgst du dafür, dass alle genug zum Leben haben? Wie verteilst du Ressourcen? Wie Geld, Land und Schokolade?
- **Zusammenleben:** Wie helfen sich die Leute in deiner Welt gegenseitig? Gibt's Regeln, die alle cool finden?
- **Umwelt:** Wie bleibt dein Planet grün und schön?

3: Die große Enthüllung

Präsentiere deine Welt: Zeig deinen Freunden, deiner Familie oder in deiner Klasse, was du erschaffen hast. Du kannst das online machen oder live und direkt. Das Wichtigste ist, Spaß zu haben und vielleicht sogar andere zu inspirieren, über ihre eigene ideale Welt nachzudenken.

 Ein Spiel, das perfekt zu dem Projekt „Bau dir deine eigene Welt!" passt und dir hilft, die Konzepte von Gesellschaft, Politik und dem Gestalten einer idealen Welt zu erkunden, ist „Civilization VI".

4: Bonus-Mission: Real-World-Challenge

Wähle eine Sache aus deiner idealen Welt, die du in deinem echten Leben umsetzen kannst. Vielleicht startest du eine Recycling-Aktion, hilfst älteren Nachbarn oder setzt dich für mehr Grünflächen in deiner Stadt ein. Kleine Schritte können eine große Wirkung haben!

Rätsel

Nehmen wir an, dein Papa interessiert sich neuerdings dafür, sein Geld zu vermehren. Er möchte es investieren. Daher telefoniert er gerade mal wieder mit deinem Onkel – der hat nämlich schon richtig viel Erfahrung damit. Du hörst deinen Papa aus seinem Büro-Zimmer, wie er am Handy ständig etwas von „sich an dem Spiel beteiligen" und „Bullen" und „Bären" von sich gibt.

Was haben Bären und Bullen mit Geld zu tun, denkst du dir? Und weshalb lässt sich Wirtschaft mit einem Spiel vergleichen?

6

Wirtschaft und Finanzen: Dein Geld, deine Zukunft

„D afür bist du noch zu jung." Hängt dir dieser Satz auch zu den Ohren heraus? Dabei stimmt er gar nicht. Dass Alter bei Erfolg keine Rolle spielen muss, zeigen dir die folgenden Storys:

Josh Feinsilber – Der Gamer, der Lernen neu erfand

Josh saß in der Schule und war gelangweilt von den üblichen Lernspielen. Was tut ein cleverer Gamer in einer solchen Lage? Er baut sein eigenes! Gimkit ist das Quiz-Spiel, das er in seiner Freizeit entwickelt hat. Es verbindet die Aufregung von Videospielen mit dem Lernen. Heute wird es weltweit in Schulen verwendet und zeigt uns, dass man mit ein wenig Code und viel Kreativität die Art und Weise verändern kann, wie die Welt lernt.

Sreelakshmi Suresh – Das junge Web-Genie

Mit drei Jahren den Computer entdeckt, mit vier Jahren mit dem Designen angefangen und mit sechs Jahren ihre erste Website erstellt – das ist die Geschichte von Sreelakshmi. Mit elf Jahren gründete sie ihr eigenes Unternehmen, eDesign. Sie gilt als eine der jüngsten CEOs der Welt. Und ihre Arbeit? Beeindruckende Webseiten, die nicht nur gut aussehen, sondern auch eine Geschichte erzählen.

Kenan Pala – Der junge Held von Kids4Community

Beim Laufen am Strand bemerkte Kenan, wie ein Seehund in Not Menschen zusammenbrachte, um zu helfen. Aber warum, dachte er, kümmern wir uns nicht genauso um Menschen in Not? Mit nur elf Jahren gründete er Kids4Community. Diese Organisation hilft nicht nur Menschen, die auf der Straße leben, sondern macht es möglich, dass Kinder und Teenager wie du einen echten Unterschied machen können. Kenan zeigt uns, dass man nie zu jung ist, um eine Führungspersönlichkeit zu sein.

Ritesh Agarwal – Der Rebell der Hotelindustrie

Ritesh Agarwal könnte man als den Teenager bezeichnen, der nicht nur sein Zimmer, sondern eine ganze Hotelkette revolutionierte. Er war 17, als er OYO erfand, ein Start-up, das verstanden hat, dass Reisende nicht nur einen Ort zum Schlafen, sondern ein echtes Erlebnis suchen. OYO ist heute Milliarden wert.

Diese jungen Leute haben etwas Wichtiges gemeinsam: Sie haben angefangen zu träumen und dann haben sie getan, was nötig war, um diese Träume wahr zu machen. Und wenn sie es können, warum nicht auch du? Damit es dir leichter fällt, ins Machen zu kommen, wird dir in diesem Kapitel erläutert, wie die Wirtschaft funktioniert.

Das Spiel des Lebens – Was ist Wirtschaft?

Willkommen bei einem Thema, das spannender ist als das letzte Fußballturnier oder die letzte Gaming-Session – die Wirtschaft. „Wirtschaft?", fragst du. „Ist das nicht dieses langweilige Zeug, über das Erwachsene immer reden?" Nope! Es ist eigentlich ein gigantisches Spiel, in dem wir alle mitspielen, oft ohne es zu merken.

Das Spielbrett

Stell dir die Wirtschaft als ein großes Spielbrett vor, auf dem jede Aktion zählt. Jedes Mal, wenn du etwas kaufst, verkaufst, tauschst oder sogar ein Video online anschaust, bist du ein aktiver Spieler. Die Wirtschaft ist überall – im Supermarkt, im Internet, sogar in deinem Schulcafé und als Kleidung an deiner Haut!

Die Spieler

In diesem Spiel gibt es alle Arten von Spielern. Einige sind große Bosse von Mega-Unternehmen (denk an die Chefs von Apple oder Nike), während andere lokale Helden sind, wie der Inhaber des kleinen Buchladens an der Ecke. Und dann gibt es noch Spieler wie dich, die entscheiden, wohin ihr Taschengeld fließt.

Die Regeln

Wie jedes Spiel hat auch die Wirtschaft ihre Regeln. Diese werden oft von Regierungen und Unternehmen festgelegt. Manche Regeln sind einfach, wie „Du musst für Dinge bezahlen, die du haben möchtest". Andere sind komplexer, wie die Zinssätze für Geld, das du von der Bank leihst, oder die Steuern, die Unternehmen zahlen müssen. Ja, stimmt, erinnert an Monopoly.

Die Ziele

Was ist das Ziel dieses Spiels? Nun, das kann für jeden Spieler unterschiedlich sein. Einige wollen Gewinn machen (Money, Money, Money), andere wollen die Welt verbessern (Hallo, grüne Energie und Fairtrade) und manche spielen einfach nur mit, um Spaß zu haben und ihre Bedürfnisse zu erfüllen.

Die Strategie

Die beste Strategie im Wirtschaftsspiel hängt von deinen Zielen ab: Willst du für das neueste Smartphone sparen? Oder willst du dein eigenes Start-up gründen, das umweltfreundliche Skateboards herstellt? Deine Entscheidungen und Aktionen, wie du dein Geld ausgibst und verdienst, sind deine Spielzüge.

Gewinner und Verlierer

In der Wirtschaft gibt es Gewinner und Verlierer. Manchmal gewinnst du – beispielsweise wenn du ein Schnäppchen findest oder dein Taschengeld erhöht wird. Manchmal verlierst du – wenn dein Lieblingscomic zum Beispiel teurer wird. Aber jede Erfahrung lehrt dich mehr über das Spiel.

Die Geheimnisse des Handels – Wie funktioniert Wirtschaft?

Lass uns bei der Spielidee bleiben, um etwas tiefer in die Geheimnisse der Wirtschaft einzutauchen. Stell dir vor, du hast eine Welt voller Inseln – jede mit ihren eigenen Schätzen. Eine Insel ist voller süßer Mangos, eine andere hat die besten Gaming-PCs und eine dritte hat die coolste Reitanlage, die du dir vorstellen kannst. Doch wie bekommen die Inselbewohner das, was sie nicht haben? Willkommen in der Welt der Wirtschaft – dem ultimativen Spiel des Gebens und Nehmens!

Das magische Wort: Tauschhandel

Früher, in der „Old-School-Wirtschaft", war alles ziemlich direkt: Ich gebe dir drei Hühner, du gibst mir deine alte Gitarre. Das nennt man Tauschhandel, und es ist der Uropa des heutigen Handels. Doch das wurde kompliziert – stell dir vor, jemand will deine Hühner nicht, aber du willst immer noch seine Gitarre. Was tun?

Das Spiel entwickelt sich: Geld

Also erfanden die klugen Köpfe Geld – das ist wie die Special Power im Spiel. Geld macht den Tausch einfacher. Anstatt mit Hühnern zu handeln, verkaufst du sie für Geld und kaufst dir dann die Gitarre. Easy, oder?

Der Markt: Wo die Magie passiert

Der Markt ist das Herzstück der Wirtschaft. Hier treffen sich Käufer und Verkäufer, um ihre Waren und Dienstleistungen anzubieten oder zu suchen. Stell dir einen großen Flohmarkt vor, nur dass es um ALLES geht – von Haarspangen bis zu Häusern.

Angebot und Nachfrage: Das ewige Duell

Hier wird's spannend: Wenn viele Leute dasselbe wollen (hohe Nachfrage) und es nicht genug davon gibt (geringes Angebot), dann steigt der Preis. Wenn kaum jemand etwas will (geringe Nachfrage) oder es davon so viel gibt wie Sand am Meer (hohes Angebot), dann sinkt der Preis. Dieses Tauziehen bestimmt, wie viel Dinge kosten. Und dann gibt's da natürlich noch Trends und Hypes, die die Nachfrage in die Höhe treiben und dich ständig zum Kaufen motivieren.

Unternehmen: Die Level-Bauer

Unternehmen sind wie die Schöpfer der Levels in deinem Lieblingsspiel. Sie bauen Produkte oder Dienstleistungen, die du nutzen kannst. Sie müssen clever sein, um zu wissen, was die Leute wollen, und gleichzeitig magische Wege finden, um es herzustellen, ohne bankrott zu gehen.

Regierungen: Die Schiedsrichter

Die Regierung ist wie der Schiedsrichter oder der Admin im Spiel. Sie setzen Regeln fest, damit alles fair abläuft, und sorgen dafür, dass niemand schummelt oder die Spielwelt zerstört. Sie helfen auch denen, die im Spiel zurückfallen, und manchmal mischen sie sich ein, um das Spiel spannender zu machen.

Globalisierung: Das Multiplayer-Spiel

Heute spielen wir die Wirtschaft nicht nur lokal oder national, sondern global. Das ist, als würdest du online gegen Spieler aus der ganzen Welt antreten. Die Globalisierung bedeutet, dass du Mangos aus Südamerika essen und einen Gaming-PC aus Asien benutzen kannst, während du in einer Reithalle in Europa bist.

Du im Zentrum

Das Coolste ist: Jeder von uns ist ein wichtiger Spieler. Jedes Mal, wenn du etwas kaufst, entscheidest du mit, welche Produkte gewinnen und welche Unternehmen rocken. Und wenn du mal groß rauskommst mit deinem eigenen Start-up? Dann könntest du selbst Teil dieser wilden Welt der Wirtschaft werden und das Spiel noch stärker verändern.

Globalisierung – Alles ist verbunden

Jetzt wird es big. Das globale Netzwerk ist wie ein riesiges Multiplayer-Spiel, wo jede Aktion hier eine Reaktion dort auslösen kann. Globalisierung ist, als würdest du ein gigantisches Online-Spiel spielen, in dem jeder mit jedem verbunden ist. Es ist wie eine Party, zu der die ganze Welt eingeladen ist!

Das Internet: Superhighway der Informationen

Stell dir das Internet als eine Schnellstraße vor, auf der Informationen, Produkte, Kulturen und Ideen mit Lichtgeschwindigkeit reisen. Du kannst ein Video in Berlin posten und jemand in Brasilien lacht sich Sekunden später kaputt. Das Internet hat die Globalisierung so richtig angeheizt, indem es Menschen, Märkte und Medien miteinander verbunden hat.

Handel: Das große Tauschspiel

Globalisierung bedeutet, dass Länder untereinander handeln, als wären sie beste Freunde auf einem riesigen Flohmarkt. Deutschland kann Autos nach China verkaufen und im Gegenzug coole Elektronik zurückbekommen. Dieser Austausch hilft Ländern, Produkte zu bekommen, die sie selbst nicht herstellen oder haben.

Multinationale Unternehmen: Die Big Player

Einige Unternehmen sind so groß, dass sie in vielen Ländern gleichzeitig zu Hause sind. Denk an McDonald's, Apple oder Nike. Diese Giganten bauen Fabriken, eröffnen Büros und verkaufen Produkte überall auf der Welt. Sie sind so wie die coolen Jungs und Mädels in der Schule, die überall Freunde haben – nur dass ihre Freunde ganze Länder und Märkte sind! Und nicht jeder von diesen Big Playern begeistert ist.

 „Was hat das alles mit mir zu tun?", fragst du dich vielleicht. Eine Menge! Jedes Mal, wenn du online etwas kaufst, eine Serie aus einem anderen Land schaust oder bei einer internationalen Marke einkaufst, bist du Teil der Globalisierung. Du hast die Macht, mit deinen Entscheidungen Einfluss zu nehmen, von den Produkten, die du unterstützt, bis hin zu den Ideen, die du teilst.

Kulturmix: Der weltweite Melting Pot

Durch die Globalisierung vermischen sich Kulturen schneller als ein Smoothie. Musik, Filme, Essen, Mode und mehr überschreiten Grenzen wie nie zuvor. K-Pop rockt die Charts in den USA, deutsche Filme gewinnen Fans in Indien und überall gibt es Sushi. Wir erleben eine Weltkultur, die so bunt und vielfältig ist wie ein gigantisches Fest.

Arbeitsmarkt: Weltweit vernetzt

Die Globalisierung schafft auch einen globalen Arbeitsmarkt. Unternehmen können Teams haben, die über den ganzen Globus verteilt sind. Vielleicht arbeitet dein zukünftiger Chef in einem anderen Land oder du führst ein Meeting per Zoom mit Kollegen aus fünf verschiedenen Zeitzonen.

Kapitalismus: Ständiges Wachstum

Kapitalismus ist ein Wirtschaftssystem, bei dem die meisten Geschäfte und Unternehmen privaten Leuten gehören, nicht der Regierung. In einem kapitalistischen System versuchen diese Unternehmen, so viel wie möglich zu verkaufen und Geld zu verdienen. Das zusätzliche Geld nutzen sie, um ihr Geschäft zu vergrößern, neue Sachen zu entwickeln oder mehr Leute einzustellen.

Ein Schlüsselaspekt dabei ist das Konzept des ständigen Wachstums: Unternehmen wollen immer weiter wachsen, mehr verkaufen und mehr Gewinn machen. Dieses Wachstum wird oft als positiv gesehen, weil es dazu führen kann, dass mehr Jobs entstehen und die Menschen insgesamt wohlhabender werden. Aber es gibt auch Kritik, besonders wenn es um Umweltprobleme geht, die durch das ständige Wachsen entstehen können, und die Tatsache, dass nicht alle Leute von diesem Wachstum profitieren und es oft große Unterschiede im Wohlstand der Menschen gibt.

Leben auf Pump: Earth Overshoot Day

Stell dir vor, du hast jedes Jahr ein festes Taschengeld, das eigentlich bis zum Jahresende reichen sollte. Wenn du aber zu schnell und zu viel ausgibst, ist irgendwann vor dem Jahresende dein Geld alle. Der „Earth Overshoot Day" oder „Erdüberlastungstag" funktioniert ähnlich, nur geht es hier um die natürlichen Ressourcen unseres Planeten.

Jedes Jahr berechnen Wissenschaftler, wie viel von den natürlichen Ressourcen (wie Wasser, Holz, saubere Luft) die Erde in einem Jahr produzieren und erneuern kann. Als der Earth Overshoot Day ist der Tag des Jahres bekannt, an dem die Menschheit all diese Ressourcen aufgebraucht hat, die die Erde in einem Jahr nachhaltig liefern kann. Ab diesem Tag leben wir sozusagen „auf Pump" und verbrauchen mehr, als unser Planet regenerieren kann. Dies führt zu Umweltproblemen wie Entwaldung, Wassermangel und erhöhter CO_2-Konzentration in der Atmosphäre, was den Klimawandel antreibt.

 Im Jahr 2023 war der Earth Overshoot Day schon am 3. August (!).

Was DAX, Bullen und Bären mit Geldvermehrung zu tun haben

Willkommen im Finanzdschungel, einem Ort voller Abenteuer und Rätsel. Hier treffen wir auf wilde Tiere wie Bullen und Bären, erkunden geheimnisvolle Pfade wie den DAX und entdecken, wie man im großen Spiel des Geldes mitspielt und gewinnt.

Der DAX: Deutschlands Finanzschatzkarte

Der DAX ist wie eine Schatzkarte, die dir zeigt, wie es den 40 größten börsennotierten Unternehmen in Deutschland geht. Du kannst es dir wie ein riesiges Scoreboard vorstellen, das anzeigt, ob die Wirtschaft aufblüht oder nicht so toll läuft. Jedes Mal, wenn Unternehmen gut performen, steigt der DAX – und das ist ein Zeichen dafür, dass auch die Wirtschaft stark ist.

Bullen und Bären: Die Gladiatoren der Börse

In der Welt der Finanzen sind Bullen und Bären keine echten Tiere, sondern Symbole für Markttrends. Ein Bulle (oder „Bull Market") steht für steigende Kurse. Er ist kraftvoll und stößt mit seinen Hörnern nach oben, was bedeutet, dass die Preise hochgehen. Ein Bär (oder „Bear Market") steht für fallende Kurse. Er schlägt mit seinen Pfoten nach unten, was bedeutet, dass die Preise fallen. Diese beiden kämpfen ständig im Ring der Börse und ihre Bewegungen beeinflussen, wie viel Geld man mit Aktien machen kann.

Geldvermehrung: Das große Ziel

Geldvermehrung in der Börse ist wie ein strategisches Videospiel, bei dem du Punkte sammeln musst, aber die Punkte sind echtes Geld. Investoren kaufen Aktien von Unternehmen in der Hoffnung, dass ihr Wert steigt (dank der Bullen). Verkaufen sie die Aktien dann zu einem höheren Preis, machen sie Gewinn. Einige investieren auch in Zeiten eines Bärenmarktes, kaufen günstig ein und warten, dass die Kurse wieder steigen (Buy the dip).

Risiken und Chancen: Das Abenteuer Finanzen

Wie jedes gute Spiel hat auch das Investieren seine Risiken. Die Kurse können durch wirtschaftliche Veränderungen, politische Ereignisse oder globale Krisen schwanken. Aber mit Risiko kommt auch die Chance auf große Gewinne. Kluge Investoren lernen, die Karten des DAX zu lesen, verstehen die Bewegungen von Bullen und Bären und nutzen ihr Wissen, um ihre Schätze zu mehren.

Strategien: Dein Wegweiser

Es gibt viele Strategien, um im Finanzdschungel zu überleben und zu gedeihen. Einige sind konservativ, halten an sicheren Aktien fest und spielen auf lange Sicht. Andere sind Abenteurer, die schnell kaufen und verkaufen, um von jeder kleinen Bewegung zu profitieren. Welchen Weg du auch wählst, das Ziel ist, klug zu handeln, informiert zu bleiben und, wie bei jedem guten Spiel, Spaß zu haben.

Das große Wirtschaftsquiz

Bist du bereit, dein Wissen über die faszinierende Welt der Wirtschaft zu testen? Hier kommen einige knackige Fragen:

Frage 1: Was symbolisiert der DAX?

A) Die durchschnittliche Temperatur in Deutschland.
B) Die wirtschaftliche Leistung der 40 größten börsennotierten Unternehmen in Deutschland.
C) Die Anzahl der Touristen, die jährlich Deutschland besuchen.

Frage 2: Was bedeutet ein „Bullenmarkt"?

A) Ein Markt, auf dem hauptsächlich Vieh verkauft wird.
B) Ein finanzieller Markt, auf dem die Preise fallen.
C) Ein finanzieller Markt, auf dem die Preise steigen.

Frage 3: Wer sind die Hauptspieler auf dem globalen Markt?

A) Fußballspieler, die international spielen.

B) Multinationale Unternehmen, die in vielen Ländern operieren.

C) Schauspieler in internationalen Filmen.

Frage 4: Was ist der Hauptzweck der Globalisierung?

A) Den Austausch von Kulturen und Waren weltweit zu fördern.

B) Die Olympischen Spiele in verschiedenen Ländern zu veranstalten.

C) Den weltweiten Verkauf von Computerspielen zu erhöhen.

Frage 5: Warum sind Regierungen wie Schiedsrichter in der Wirtschaft?

A) Sie bestimmen, welche Teams beim Fußball gewinnen.

B) Sie setzen Regeln fest, um Fairness und Ordnung auf den Märkten zu gewährleisten.

C) Sie entscheiden, welche Fernsehshows im nationalen Fernsehen gezeigt werden dürfen.

Frage 6: Wie können Jugendliche bereits Teil der Globalisierung sein?

A) Indem sie Produkte kaufen oder Medien konsumieren, die aus verschiedenen Teilen der Welt stammen.

B) Durch das Spielen von Videospielen, die im eigenen Land hergestellt wurden.

C) Indem sie ausschließlich lokale Produkte kaufen und verwenden.

Frage 7: Was ist eine Strategie, die Investoren anwenden könnten, um im „Finanzdschungel" zu überleben?

A) Sie kaufen und verkaufen Aktien basierend auf den Wettermustern.

B) Sie investieren konservativ oder nutzen schnelle Kauf- und Verkaufstaktiken, um von Marktbewegungen zu profitieren.

C) Sie vermeiden es, überhaupt zu investieren, und bewahren ihr Geld unter ihrem Kopfkissen auf.

Frage 8: Was ist der größte Vorteil der kulturellen Aspekte der Globalisierung?

A) Es ermöglicht es Menschen, neue Sprachen ausschließlich durch das Ansehen von Filmen zu lernen.

B) Es fördert das Verständnis und den Austausch zwischen verschiedenen Kulturen durch Musik, Essen, Filme und mehr.

C) Es sorgt dafür, dass alle Menschen auf der Welt die gleiche Kleidung tragen und die gleiche Musik hören.

Frage 9: Was ist eine „Rezession"?

A) Ein kurzer Zeitraum, in dem die Wirtschaft stark wächst.

B) Eine Phase, in der die Zinssätze von der Zentralbank erhöht werden.

C) Ein längerer Zeitraum des wirtschaftlichen Rückgangs, in dem das Bruttoinlandsprodukt sinkt.

Frage 10: Welche Rolle spielt die „Zentralbank" in einem Land?

A) Die Zentralbank ist verantwortlich für die nationale Verteidigung.

B) Die Zentralbank reguliert den Import und Export von Waren.

C) Die Zentralbank steuert die Geldpolitik, um die Inflation zu kontrollieren und die Arbeitslosigkeit zu minimieren.

Frage 11: Was ist eine „Aktie"?

A) Ein Dokument, das den Kauf eines Autos bescheinigt.

B) Ein Finanzinstrument, das Eigentumsanteile an einem Unternehmen repräsentiert.

C) Eine jährliche Zahlung von der Regierung an Bürger als Teil des Sozialhilfeprogramms.

Frage 12: Was beschreibt der Begriff „Portfolio-Diversifikation"?

A) Die Strategie, alle Investitionen in einem einzigen Vermögenswert zu konzentrieren.

B) Die Praxis, Investitionen über verschiedene Anlageklassen zu verteilen, um Risiken zu minimieren.

C) Die Methode, nur in inländische Märkte zu investieren.

Frage 13: Warum ist „Nachhaltigkeit" in der Wirtschaft wichtig?

A) Weil sie nur die Umwelt betrifft und keinen Einfluss auf die Wirtschaft hat.

B) Weil sie sich darauf bezieht, wirtschaftliche Aktivitäten so zu gestalten, dass Ressourcen effizient genutzt und geschützt werden, um langfristiges wirtschaftliches Wachstum zu sichern.

C) Weil sie eine Marketingstrategie ist, die Unternehmen verwenden, um mehr Produkte zu verkaufen.

Frage 14: Was ist ein „Handelsdefizit"?

A) Ein Zustand, in dem ein Land mehr importiert, als es exportiert.

B) Ein Zustand, in dem ein Land genau so viel exportiert, wie es importiert.

C) Ein Zustand, in dem ein Land mehr exportiert, als es importiert.

Frage 15: Was versteht man unter dem Begriff „Inflation"?

A) Eine Abnahme der allgemeinen Preisniveaus über einen längeren Zeitraum.

B) Eine Zunahme der allgemeinen Preisniveaus über einen längeren Zeitraum.

C) Eine stabile Preisentwicklung, die über mehrere Jahre hinweg gleich bleibt.

Antworten:

1: B), 2: C), 3: B), 4: A), 5: B), 6: A), 7: B), 8: B), 9: C), 10: C), 11: B), 12: B) 13: B), 14: A), 15: B)

Projekt: Dein Geld, deine Zukunft

Das Ziel dieses Projekts ist es, dir die Grundlagen des Geldmanagements bei-
zubringen, damit du nicht nur für heute, sondern auch für morgen klug planen kannst. Du wirst lernen, wie man ein Budget erstellt, spart und sogar ein
bisschen investiert.

1. Geld verdienen

Starte ein Mini-Unternehmen basierend auf deinen Interessen. Das kann alles
sein: ein Online-Shop, Babysitting, Nachhilfe geben, ein YouTube-Kanal, was
auch immer dich begeistert!

2. Budget – Behalte den Überblick

Erstelle ein einfaches Budget, das zeigt, wie viel Geld du verdienst und wie viel
du ausgibst. Es gibt tolle Apps, die dir dabei helfen können, oder du nutzt eine
einfache Excel-Tabelle.

3. Die Spar-Challenge

Setze dir ein Sparziel für etwas, das du wirklich haben möchtest – vielleicht
ein neues Handy, einen Gaming-Controller oder etwas für dein Hobby. Finde
heraus, wo du sparen kannst.

4. Investiere in deine Zukunft

Informiere dich über einfache Anlageoptionen, die für Jugendliche geeignet
sind. Das kann ein Sparbuch sein, ein Bausparvertrag oder sogar Aktien oder
Fonds.

5. Der Finanz-Check-up

Nach einigen Monaten überprüfst du, wie gut du dein Budget eingehalten
hast, wie nahe du deinem Sparziel gekommen bist und was du beim Investieren
gelernt hast. Nun kannst du deine Strategien anpassen.

Was bringt dir das?

- Sei dein eigener Chef: Lerne, unabhängig zu sein und eigene finanzielle Entscheidungen zu treffen.
- Spaß haben: Entdecke, dass Finanzmanagement kreativ und spannend sein kann.

- Bereite dich auf die Zukunft vor: Das Wissen und die Erfahrungen, die du hier mitnimmst, sind für dein ganzes Leben wertvoll.

Rätsel

Du kommst gerade vom Sporttraining zurück, guckst auf dein Handy und staunst plötzlich nicht schlecht: Ein Schüler aus der Parallelklasse, der generell gerne den Mund weit aufmacht, hat gepostet, dass er gerade einen UFO-Landeplatz im nahegelegenen Wald entdeckt hat. Dazu postet er noch ein Foto, das ist zwar etwas verschwommen, aber irgendwie kann man eine seltsame, kreisförmige Vertiefung und merkwürdige Spuren im Gras erkennen. Das ist ja mal eine Story. Aber ... irgendwas kommt dir doch komisch vor. Ist die Story tatsächlich wahr?

Wie kann man fake von real unterscheiden?

7.
Kritisches Denken und Medienkompetenz: Finde raus, was Sache ist

In vielen Schulen brodelt die Gerüchteküche und Gossip verleiht dem Tag erst die Würze. Einige dieser Gerüchte sind wahr, andere komplett erfunden. Das ist so ähnlich wie die Nachrichtenwelt während der Präsidentschaft von Donald Trump. Trump war wie der Schüler, der ständig rief: „Das ist alles erfunden!", wenn ihm etwas nicht gefiel oder wenn jemand etwas sagte, das ihn in einem schlechten Licht darstellte.

Er warf den Medien oft vor, „Fake News" zu verbreiten – also Nachrichten, die falsch oder irreführend sind. Er tat dies besonders dann, wenn Berichte nicht vorteilhaft für ihn waren. Stell dir vor, jedes Mal, wenn du eine schlechte Note bekommst, beschuldigst du den Lehrer, dass die Korrektur gefälscht sei. Das ist im Grunde, was Trump machte, nur auf einer viel größeren, globalen Bühne.

Diese Anschuldigungen waren nicht einfach nur Kommentare, sie hatten weitreichende Auswirkungen. Trumps Worte führten dazu, dass viele seiner Anhänger begannen, den etablierten Nachrichtenmedien wie CNN oder der New York Times zu misstrauen. Er nannte diese Medien sogar „Feinde des Volkes", was ziemlich heftig ist, wenn man bedenkt, dass freie Medien ein Grundpfeiler der Demokratie sind.

Der Effekt von Trumps „Fake News"-Rufen war wie ein Lauffeuer, das sich nicht nur in den USA, sondern weltweit verbreitete. Plötzlich begannen auch andere politische Führer, den Begriff zu verwenden, um kritische Berichte über ihre Regierungen abzutun. Es wurde ein Werkzeug, mit dem mächtige Personen versuchen, die Kontrolle über die News zu behalten, ohne dass ihre Handlungen hinterfragt werden.

Gerade wenn Informationen blitzschnell geteilt werden, ist es superwichtig, zu lernen, wie man zwischen echten Nachrichten und „Fake News" unterscheidet. Es ist wie das Aufdecken der Wahrheit hinter den Schulgerüchten – es erfordert kritisches Denken und manchmal ein wenig Detektivarbeit.

Sicher durch die Informationsflut navigieren

Willkommen in einer Welt, in der Informationen nur einen Klick entfernt sind und Nachrichten mit Lichtgeschwindigkeit unterwegs sind. Aber hier ist die Kehrseite: Nicht alles, was du siehst oder hörst, ist wahr. Manchmal ist es verzerrt, manchmal komplett falsch. Anders als bei Büchern oder Zeitschriften beispielsweise kann jeder etwas online stellen, ohne dass es jemand anderes vor der Veröffentlichung kontrolliert. Wie navigierst du also sicher durch diese Informationsflut?

Warum kritisches Denken?

Lass uns in die Rolle von Sherlock Holmes schlüpfen. Kritisches Denken ist deine Lupe. Es hilft dir, zwischen Fakten und Fiktion zu unterscheiden, Gerüchte von Wahrheiten zu trennen und nicht auf jeden Clickbait hereinzufallen.

Verstehe die Quellen

Bevor du einer Information glaubst, checke die Quelle:

- **Wer hat es gepostet?** Ein anerkannter Nachrichtendienst, ein bekannter Experte oder jemand, der ständig Verschwörungstheorien verbreitet? Wenn eine Nachricht von einer bekannten Zeitung wie der ZEIT kommt, ist sie wahrscheinlich zuverlässiger als eine Nachricht von einer unbekannten Webseite, die Verschwörungstheorien verbreitet.
- **Warum wurde es gepostet?** Um zu informieren, zu unterhalten, zu überzeugen oder zu verkaufen? Ein Artikel, der darauf abzielt, dir etwas zu verkaufen, könnte die Vorteile eines Produkts übertrieben darstellen.
- **Woher kommt die Info?** Ist die Quelle bekannt dafür, zuverlässig zu sein? Wikipedia ist ein guter Startpunkt für allgemeine Informationen, aber die Info sollte mit Vorsicht behandelt werden, da die Inhalte von jedem bearbeitet werden können.

Überprüfe die Fakten

Genauso wie du nicht alles glaubst, was du an Gossip in der Schule hörst, ohne es zu hinterfragen, solltest du auch mit Informationen aus dem Internet umgehen:

- **Kreuzprüfung:** Sieh nach, ob andere zuverlässige Quellen die gleiche Geschichte berichten. Wenn du liest, dass ein berühmter Sänger gestorben ist, finde heraus, ob andere seriöse Nachrichtenseiten das auch berichten.
- **Suche nach Beweisen:** Gibt es Belege, die die Behauptungen stützen? Wenn ein Artikel behauptet, dass Schokolade Akne verursacht, suche nach wissenschaftlichen Studien, die das stützen.
- **Überprüfe das Datum:** Ist die Geschichte aktuell oder wird eine alte Nachricht recycelt, um wie neu auszusehen? Eine Nachricht über ein Naturereignis könnte alt sein und wird vielleicht neu gepostet, als ob es gerade passiert wäre.
- **Suche nach der ganzen Geschichte:** Lies den ganzen Artikel, nicht nur die Schlagzeile. Such bei wichtigen Themen nach weiteren Quellen, um ein vollständiges Bild zu erhalten. Manchmal sind Schlagzeilen irreführend und geben nicht den vollen Kontext des Artikels wieder.

Denke über den Bias nach

Jeder hat Vorurteile – ja, auch Nachrichtenorganisationen. Zu verstehen, woher jemand kommt, kann dir helfen, den Kontext einer Nachricht besser zu begreifen:

- **Politische Ausrichtung:** Hat die Quelle eine politische Schieflage, die ihre Berichterstattung färben könnte? Eine Nachrichtenquelle, die bekanntermaßen eine bestimmte politische Partei unterstützt, könnte Ereignisse aus einem Winkel darstellen, der dieser Partei Vorteile verschafft.
- **Finanzielle Interessen:** Wird die Nachricht von jemandem finanziert, der davon profitieren könnte, wenn du diese Sichtweise glaubst? Eine Studie, die die Vorteile von E-Zigaretten hervorhebt, könnte von einem E-Zigaretten-Hersteller finanziert worden sein.

Fördere deine Medienkompetenz

Medienkompetenz ist nicht nur das Verstehen, sondern auch das effektive Nutzen von Medien:

- **Nutzung verschiedener Medienquellen:** Beschränke dich nicht auf eine News-App oder einen Social-Media-Kanal. Tauche auch mal in die Bubble von anderen ein. Lies Nachrichten von verschiedenen Quellen mit unterschiedlichen politischen Ansichten, um ein ausgewogeneres Bild zu erhalten.
- **Interaktive Tools:** Nutze Tools zur Überprüfung von Fakten online, wie FactCheck.org oder Snopes.
- **Diskutiere und reflektiere:** Sprich mit Freunden oder Lehrern über Nachrichten, um verschiedene Perspektiven zu bekommen.

Sei ein kritischer Konsument

Nicht jede Info, die sensationell klingt, ist es wert, geteilt zu werden:

Denke, bevor du klickst: Teile keine Nachricht, bevor du nicht sicher bist, dass sie wahr ist.

Sei skeptisch: Wenn etwas zu gut (oder zu schlimm) klingt, um wahr zu sein, ist es das oft auch nicht. Schlagzeilen, die unglaubliche Behauptungen machen, wie „Mann lebt mit Haien", sollten kritisch betrachtet werden.

Nutze deine Stimme weise: Deine Meinung und deine Worte haben Macht, nutze sie verantwortungsvoll.

Die Macht von Bild und Wort – Kritisches Denken schärfen

Gerade hast du erfahren, wie du durch die Informationsflut navigierst. Aber es geht nicht allein um Texte. Bilder haben Macht. Sie können Emotionen wecken, Meinungen beeinflussen und sogar Wahlen entscheiden. Aber wie erkennst du, was echt ist und was manipuliert wurde?

Bilder verstehen

Ein Bild sagt mehr als 1.000 Worte, oder? In der heutigen schnelllebigen Welt, wo ein Bild mit einem Klick geteilt werden kann, ist es wichtiger denn je, zu verstehen, wie Bilder verwendet werden, um Aussagen zu unterstützen.

Beispiel: Das perfekte Bild

Stell dir vor, du siehst ein Bild von einem Politiker, der in einem überfüllten Raum schläft. Dieses Bild wird schnell in sozialen Medien mit Kommentaren über seine Faulheit verbreitet. Was das Bild aber nicht zeigt, ist, dass der Politiker die ganze Nacht durchgearbeitet hat. Durch das Weglassen dieses Kontextes wird ein falsches Bild seiner Arbeitsmoral vermittelt.

Wie Bilder manipuliert werden

Bilder können auf verschiedene Weise manipuliert werden, von einfachen Änderungen bis hin zu komplexen digitalen Bearbeitungen.

Zuschnitt und Perspektive

Durch das Zuschneiden eines Bildes kann der Kontext verändert werden. Eine friedliche Demonstration kann gefährlich oder chaotisch wirken, je nachdem, welcher Ausschnitt gewählt wird.

Farbanpassungen

Die Änderung von Helligkeit und Kontrast kann die Stimmung eines Bildes dramatisch beeinflussen. Dunklere Farbtöne können eine düstere Atmosphäre schaffen, während helle Farben oft Glück und Leichtigkeit suggerieren.

Digitale Bearbeitung

Mit fortschrittlicher Software und KI können Bilder so verändert werden, dass Personen oder Objekte hinzugefügt oder entfernt werden. Das Ergebnis kann so überzeugend sein, dass es schwerfällt, die Manipulation zu erkennen.

Die Kunst der Wortmanipulation – Wie Tweets und Texte uns beeinflussen

Lass uns nochmal einen genaueren Blick auf die Welt von Clickbaits und Schlagzeilen werfen. So erfährst du, wie Tweets und Texte manipuliert werden, und erhältst Werkzeuge, um solche Tricks zu durchschauen.

Was ist ein Clickbait?

Clickbait ist wie ein Köder, der dich zum Klicken verlocken soll. Er verwendet oft eine übertriebene oder provokative Sprache, um deine Neugier zu wecken und dich dazu zu bringen, auf einen Link zu klicken. Youtuber verwenden dies ebenso wie Schlagzeilen. Und zack, schon hängst du wie ein Fisch an der Angel, weil der Wurm so verlockend aussah. Hier ein Beispiel: Beim Lesen von: „Du wirst nicht glauben, was diese Person getan hat!", wollen viele direkt mehr wissen. Du bist neugierig, klickst darauf und landest auf einer Seite, die nicht wirklich relevante Informationen bietet.

Merkmale von Clickbait

- **Übertriebene Schlagzeilen:** Sie versprechen oft sensationelle Enthüllungen, die der Artikel dann nicht liefert: „Du wirst nicht glauben, was dieser Star jetzt macht!" – und dann geht es nur um eine ganz normale Alltagsaktivität des Stars.
- **Emotionale Appelle:** Clickbaits spielen häufig mit starken Emotionen wie Schock, Angst oder Neugier: „Schreckliche Katastrophe in deiner Stadt!" – und der Artikel handelt lediglich von einem kleinen Unfall ohne ernsthafte Folgen.
- **Vage Formulierungen:** Sie lassen wichtige Details aus, um Neugier zu schüren und dich zum Klicken zu animieren: „Etwas Unglaubliches passiert in Deutschland!" – ohne zu erklären, was es ist, zwingt es dich, den Artikel anzuklicken, um herauszufinden, worum es geht.

Manipulation durch Schlagzeilen

Schlagzeilen sind oft das Erste, was du liest, und sie können deine Meinung prägen, bevor du überhaupt den Artikel angeklickt hast. Sie sind riesig und fett gedruckt, sodass du sie schon von Weitem lesen und kaum übersehen kannst. Hier sind einige Wege, wie Schlagzeilen manipuliert werden.

Sensationalismus

Schlagzeilen können dramatisiert werden, um ein stärkeres Interesse zu wecken. Ein einfacher Vorfall wird als Skandal dargestellt oder alltägliche Ereignisse werden als außergewöhnlich beschrieben: „Massive Explosion in Schule!" – aber es war nur ein kleiner chemischer Versuch, der leicht schiefgelaufen ist.

Emotional geladene Wörter

Worte wie „Katastrophe", „Schock" oder „Furcht" ziehen die Aufmerksamkeit an und können eine stärkere emotionale Reaktion als neutralere Worte hervorrufen: „Grauenhafter Fund im lokalen Park" – dabei wurde nur ein altes, rostiges Fahrrad gefunden.

Kontext ist König

Informationen aus dem Kontext zu reißen, ist eine häufige Methode, um die Meinung der Menschen zu beeinflussen. Ein Zitat, das aus dem Zusammenhang gerissen wird, kann eine völlig andere Bedeutung bekommen: „Ich kann das nicht mehr ertragen" – dieser Satz könnte sich auf eine schwierige Lebensphase beziehen, wird aber im Artikel als Kritik an einer politischen Entscheidung dargestellt.

Tweets und ihre Tücken

Auf Plattformen wie X ist die Informationsvermittlung durch die Begrenzung auf 280 Zeichen pro Tweet besonders herausfordernd. Dies kann zu Vereinfachungen und Verzerrungen führen:

- **Vereinfachung komplexer Themen:** Wichtige Nuancen gehen verloren, wenn komplexe Themen auf sehr kurze Texte reduziert werden. Dies kann zu Missverständnissen oder einer verzerrten Darstellung der Realität führen: „Neue Studie zeigt, dass Kaffee Krebs verursacht" – dabei bezieht sich die Studie nur auf sehr hohe, ungewöhnliche Kaffeemengen.
- **Rasante Verbreitung:** Die schnelle Verbreitung von Informationen auf X kann dazu führen, dass falsche Informationen viral gehen, bevor sie korrigiert werden können. Ein Tweet über einen vermeintlichen Skandal eines Politikers wird beispielsweise tausendfach geteilt, bevor klar wird, dass die Anschuldigungen falsch waren. Nun ist der Schaden aber bereits angerichtet.

> Fun Fact: Man merkt sich meistens die Fakten, aber nicht die Quelle. Das kann dazu führen, dass man auch Inhalte von unglaubwürdigen Quellen nach ein paar Wochen glaubt, weil man vergessen hat, woher die Info kam.

Echo Chamber: Alle in einer Bubble?

Stell dir vor, du bist in einem Raum voller Spiegel, die nur dein eigenes Bild zurückwerfen. Das ist ein bisschen wie der Echo-Chamber-Effekt. In sozialen Medien, wie Instagram oder X, kann das passieren, wenn du hauptsächlich Inhalte siehst und hörst, die genau deinen eigenen Meinungen und Interessen entsprechen.

Das kommt daher, weil Algorithmen, die diese Plattformen steuern, dazu neigen, dir Posts und Videos zu zeigen, die dem ähneln, was du bereits gelikt oder mit dem du interagiert hast. So endest du in einer Blase, wo du immer wieder dieselben Ideen und Ansichten siehst, was dazu führen kann, dass du denkst, alle denken so wie du.

> Tipp: Schau dir mal die Insta-Feeds von deinen Mitschülern, Geschwistern oder Eltern an.

Es ist, als ob du in einer Echokammer bist, wo deine eigenen Ansichten immer wieder zu dir zurückgeworfen werden, ohne dass neue, unterschiedliche Perspektiven dazukommen. Das kann es schwer machen, ein vollständiges Bild von einem Thema zu bekommen oder andere Sichtweisen zu verstehen. Und es bestärkt einen darin, dass die eigene Meinung die einzige und richtige ist.

Quiz: Alles fake oder real?

Hier kannst du testen, wie gut du im Erkennen von manipulativen Inhalten, Clickbaits und anderen Medientricks bist:

Frage 1: Was ist die Hauptfunktion von Clickbait?

A) Informationen objektiv zu präsentieren.
B) Leser zu ermutigen, tiefer in ein Thema einzutauchen.
C) Leser dazu zu verleiten, auf einen Link zu klicken, oft durch irreführende Überschriften.
D) Leser über wichtige globale Ereignisse zu informieren.

Frage 2: Welches Merkmal ist typisch für eine manipulative Schlagzeile?

A) Sie verwendet neutrale Sprache.
B) Sie enthält detaillierte Daten und Fakten.
C) Sie benutzt emotionale oder alarmierende Wörter.
D) Sie zitiert immer mehrere Quellen.

Frage 3: Wie sollten komplexe Themen auf X idealerweise behandelt werden?

A) Durch Posten eines einzelnen Tweets ohne weiterführende Links.

B) Durch eine Serie von Tweets, die verschiedene Aspekte des Themas abdecken.

C) Indem man sie komplett vermeidet und nur einfache Themen tweetet.

D) Durch Nutzung von vielen Emojis zur Verdeutlichung.

Frage 4: Was solltest du tun, bevor du einen Artikel basierend auf seiner Schlagzeile teilst?

A) Prüfen, ob die Schlagzeile interessant klingt.

B) Den ganzen Artikel lesen und nach weiteren Quellen suchen.

C) Den Artikel sofort teilen, wenn die Schlagzeile deine Meinung bestätigt.

D) Den Artikel nur teilen, wenn er von deinen Freunden bereits geteilt wurde.

Frage 5: Was ist ein Indiz dafür, dass eine Nachrichtenquelle möglicherweise nicht vertrauenswürdig ist?

A) Die Artikel enthalten oft dramatische und emotional aufgeladene Sprache.

B) Die Nachrichtenquelle veröffentlicht Artikel über eine Vielzahl von Themen.

C) Die Quelle ist eine etablierte Marke mit einer langen Geschichte.

D) Die Artikel werden von professionellen Journalisten geschrieben.

Frage 6: Wie kann man am besten herausfinden, ob eine Information wahr ist?

A) Indem man sieht, wie viele Personen die Information auf Social Media geteilt haben.

B) Durch Überprüfung auf renommierten Faktencheck-Websites.

C) Indem man darauf wartet, ob die Nachricht in den Fernsehnachrichten erscheint.

D) Durch das Lesen von Kommentaren unter dem Originalpost.

Frage 7: Welche Rolle spielen emotionale Wörter in Nachrichtenartikeln?

A) Sie helfen, die Nachrichten objektiv zu berichten.

B) Sie ziehen die Aufmerksamkeit auf weniger wichtige Details.

C) Sie können die Wahrnehmung des Lesers beeinflussen und sind oft in manipulativen Inhalten zu finden.

D) Sie sind notwendig, um wissenschaftliche Daten korrekt zu präsentieren.

Frage 8: Warum ist es wichtig, den Kontext einer Nachricht zu verstehen?

A) Um die Nachricht schneller zu lesen.

B) Um besser zu verstehen, warum die Nachricht erstellt wurde und von welchen Faktoren sie beeinflusst sein könnte.

C) Kontext ist nur für Nachrichtenreporter wichtig, nicht für das allgemeine Publikum.

D) Um die Nachricht interessanter zu machen.

Frage 9: Was bedeutet es, wenn Nachrichten „geframt" sind?

A) Die Nachrichten sind in einem physischen Rahmen an einer Wand angebracht.

B) Die Nachrichten sind veraltet und irrelevant.

C) Die Nachrichten sind immer wahrheitsgetreu und unvoreingenommen.

D) Bestimmte Aspekte einer Geschichte werden hervorgehoben, um eine spezifische Reaktion oder Sichtweise zu fördern.

Frage 10: Wie kann das Überprüfen mehrerer Nachrichtenquellen beim Verständnis eines Themas helfen?

A) Es ist Zeitverschwendung, da alle Nachrichtenquellen dieselben Informationen liefern.

B) Es kann helfen, voreingenommene Berichterstattung zu erkennen und ein ausgewogeneres Verständnis des Themas zu erhalten.

C) Es verwirrt nur und sollte vermieden werden.

D) Es hilft, die Lesegeschwindigkeit zu verbessern.

Frage 11: Welche Technik wird oft in der Werbung verwendet, um Produkte ansprechender erscheinen zu lassen?

A) Lange Vorträge
B) Verwendung neutraler Farben
C) Emotional ansprechende Musik und Bilder
D) Lange, komplizierte Texte

Frage 12: Was ist ein „Echo-Chamber"-Effekt in den Medien?

A) Ein technischer Fehler, bei dem der Ton wiederholt wird.
B) Eine Situation, in der Menschen nur Meinungen und Informationen sehen, die mit den eigenen übereinstimmen.
C) Ein seltenes Phänomen, das nur in akustisch optimierten Räumen auftritt.
D) Ein neuer Trend im Journalismus, der investigative Recherche fördert.

Frage 13: Warum ist es problematisch, wenn Medien hauptsächlich emotionale Reaktionen anstelle von sachlichen Informationen fördern?

A) Es macht keinen Unterschied, solange die Nachrichten unterhaltsam sind.
B) Es fördert die Lesefähigkeiten der Bevölkerung.
C) Es erhöht die Glaubwürdigkeit der Nachrichten.
D) Es kann zu einer uninformierten Öffentlichkeit führen, die Entscheidungen auf Basis von Emotionen statt Fakten trifft.

Frage 14: Wie wirkt sich die Auswahl der Bilder in den Nachrichten auf die Wahrnehmung eines Ereignisses aus?

A) Sie können die emotionale Reaktion verstärken und die Art und Weise beeinflussen, wie Menschen das Ereignis verstehen.
B) Bilder haben keinen Einfluss auf die Wahrnehmung der Nachrichten.
C) Sie machen die Nachrichten langweiliger.
D) Sie reduzieren die Informationsmenge, die vermittelt wird.

Antworten

1: C), 2: C), 3: B), 4: B), 5: A), 6: B), 7: C), 8: B), 9: D), 10: B), 11: C), 12: B), 13: D), 14: A)

Projekt: Sherlock – Entlarve die Manipulation deiner Bubble

Untersuche, wie sich deine Instagram-Blase ändert, wenn du gezielt Interessen vortäuschst, die nicht deinen eigentlichen Vorlieben entsprechen. Dieses Projekt kann dir helfen, ein tieferes Verständnis dafür zu entwickeln, wie soziale Medien funktionieren und wie Algorithmen beeinflussen, was wir online sehen und glauben. Es ist eine praktische Erfahrung, die zeigt, wie wichtig es ist, vielfältige Perspektiven zu erkunden und sich bewusst zu sein, wie leicht unsere Ansichten geformt werden können.

 Du kannst für diesen Zweck ggf. auch ein neues Instaprofil anlegen. Hole z. B. deine Eltern ins Boot und erstellt gemeinsam einen Account.

Vorbereitung:

- Überlege dir, welche Interessen du normalerweise nicht verfolgst. Das könnten z. B. sein: Extremsportarten, klassische Musik, Mode, Wissenschaft, Politik etc.
- Notiere, welche Arten von Inhalten du normalerweise auf Instagram siehst und welche Hashtags, Konten oder Themen du oft besuchst.

Durchführung:

- Beginne damit, Inhalte zu diesen neuen, „falschen" Interessen zu suchen. Folge entsprechenden Hashtags, abonniere Seiten und Profile, die diese Themen behandeln.
- Like und kommentiere regelmäßig Beiträge zu diesen Themen, um den Algorithmus zu „trainieren".

Beobachtungsphase:

- Dokumentiere täglich, wie sich dein Feed verändert. Welche neuen Arten von Inhalten werden dir vorgeschlagen? Wie schnell reagiert Instagram auf deine veränderten Interessen?
- Beobachte, ob und wie neue Themen deinen Feed übernehmen und welche Themen verschwinden.

Reflexionsphase:

- Überprüfe nach einer Woche, wie sehr sich dein Feed verändert hat. Sind deine ursprünglichen Interessen noch sichtbar?
- Merkst du, wie diese Veränderungen deine Wahrnehmung von „populären" Themen oder Meinungen beeinflussen könnten?
- Wie hat sich deine Sicht auf die „Blasenbildung" in sozialen Medien geändert?

Hinweise zur Sicherheit:

- Achte darauf, deine persönlichen Informationen zu schützen und keine sensiblen Daten preiszugeben.
- Bedenke, dass die Interaktion mit völlig fremden Themenbereichen auch unerwünschte Inhalte in deinen Feed bringen kann. Sei darauf vorbereitet, bestimmte Konten wieder zu entfolgen.

Rätsel

Schon mal von Doping gehört? Das ist das, was Sportler manchmal machen, um eine bessere Leistung zu bringen. Eigentlich ist es aber verboten. Zumindest bestimmte Mittel und Verfahren, die illegal dafür verwendet werden.

Können auch wir Normalos Doping verwenden und gibt es sogar ein natürliches und gesundes Dopingmittel, das problemlos erlaubt ist?

8

Gesund leben:
Hol das Beste raus

W ürdest du gerne fitter werden, ohne unglaublich viel zu trainieren? Es gibt natürliche Booster, die deine sportliche Leistung verbessern können, ohne dass du auf irgendwelche zweifelhaften Substanzen zurückgreifen musst. Ganz legal und sicher. Überall im Supermarkt. Die Rede ist beispielsweise von Roter Bete!

Rote Bete ist wie der Geheimagent unter den Gemüsesorten, besonders wenn es um Sport und Fitness geht. Dieses tiefrote Gemüse ist vollgepackt mit Nitraten, die deinem Körper auf magische Weise helfen können, sich effizienter zu bewegen und länger durchzuhalten.

Wenn du Rote Bete isst, nehmen diese Nitrate ihren Weg durch deinen Körper und werden letztendlich zu Stickstoffmonoxid umgewandelt. Dieses Stickstoffmonoxid ist ein echter Held, denn es erweitert deine Blutgefäße. Wie bei einer breiteren Straße können so mehr Sauerstoff und Nährstoffe zu deinen Muskeln gelangen, während du trainierst.

Forschungen haben gezeigt, dass Sportler, die eine Woche lang täglich ein großes Glas Rote- Bete-Saft tranken, ihre Leistung deutlich verbessern konnten. Sie waren in der Lage, länger zu laufen oder zu radeln, bevor sie müde wurden, und ihre Muskeln erholten sich schneller zwischen den Trainingseinheiten. Cool, oder?

Die Wundermaschine Mensch

Dein Körper ist wie eine hoch entwickelte Wundermaschine, die dazu fähig ist, erstaunliche Dinge zu tun, wenn du sie richtig pflegst. In diesem Kapitel gehen wir darauf ein, wie du deine Gesundheit optimieren und deinem Körper helfen kannst, seine volle Leistung zu entfalten.

Versteh deine Maschine: Der menschliche Körper

Der menschliche Körper besteht aus mehreren Systemen, die alle zusammenarbeiten, um dich am Laufen zu halten. Da gibt es das Herz-Kreislauf-System, das deine Organe mit Blut und Sauerstoff versorgt, das Verdauungssystem, das deine Nahrung in Energie umwandelt, und das Immunsystem, das dich vor Krankheiten schützt, nur um einige zu nennen. Jedes dieser Systeme spielt eine entscheidende Rolle in deinem allgemeinen Wohlbefinden.

Nahrung – Der Treibstoff für deine Maschine

Wie jede Hochleistungsmaschine braucht auch dein Körper den richtigen Treibstoff, um optimal funktionieren zu können. Was du isst, hat direkten Einfluss auf deine Energie, deine Stimmung und deine Gesundheit. Am Spruch „Du bist, was du isst" ist also definitiv was dran.

- **Ausgewogene Ernährung:** Eine ausgewogene Ernährung, die aus viel Obst, Gemüse, Vollkornprodukten und Proteinen besteht, treibt deinen Körper ideal an. Diese Lebensmittel liefern die Nährstoffe, die dein Körper benötigt, um zu funktionieren und sich selbst zu reparieren. Dazu gleich mehr.

- **Wasser:** Wasser ist entscheidend für nahezu jede Funktion in deinem Körper. Es hilft, Nährstoffe zu transportieren, Abfallstoffe auszuscheiden und deine Temperatur zu regulieren. Wasser funktioniert also wie eine Autobahn, die Müllabfuhr und die Heizung bzw. Klimaanlage in einem. Außerdem hilft Wasser beim Denken ebenso wie beim Abnehmen.
- **Snacks:** Wähle gesunde Snacks wie Nüsse, Früchte oder Joghurt, statt zu Chips oder Süßigkeiten zu greifen. Diese geben dir einen Energiekick, ohne deinen Körper zu belasten.

 Dass wir Wasser brauchen, ist nicht verwunderlich. Der Körper eines Babys besteht zu 70 bis 80 Prozent aus Wasser, der eines Erwachsenen zu 50 bis 60 Prozent. Das ist echt eine Menge.

Bewegung – Halte die Maschine in Bewegung

Regelmäßige Bewegung ist entscheidend, um deine körperliche und geistige Gesundheit zu erhalten. Sie stärkt das Herz, pumpt Blut besser durch deine Adern und kann als Stimmungsaufheller dienen. Wenn man bedenkt, dass unsere Vorfahren meistens in Bewegung waren, ist es auch nicht verwunderlich, dass unser Körper danach verlangt.

Ruhe und Erholung – Gib deiner Maschine Zeit zum Aufladen

Auch Maschinen brauchen eine Pause und dein Körper ist da keine Ausnahme. Schlaf und Entspannung sind entscheidend für eine gute Gesundheit.

- Ziel ist es, jede Nacht etwa 8 Stunden Schlaf zu bekommen. Schlaf ist die Zeit, in der dein Körper heilt und sich von den Anstrengungen des Tages erholt. Zwar kann man Schlaf am Wochenende nachholen, aber besser ist es, jeden Morgen ausgeruht aufzuwachen. Schlaf im Vorfeld ansammeln kannst du übrigens nicht.

- Gib dir während des Tages Zeit zum Entspannen. Kurze Pausen können dir helfen, Stress abzubauen und deine Energie wieder aufzuladen. Da reichen auch fünf Minuten in der Pause oder im Ruheraum.

Mentale Gesundheit – Kümmere dich um den Fahrer

Deine mentale und emotionale Gesundheit ist genauso wichtig wie deine körperliche Gesundheit. Beachte die Signale, die dein Körper dir gibt, und suche nach Wegen, Stress zu managen und deine geistige Gesundheit zu fördern.

Durch die Kombination all dieser Elemente – Ernährung, Bewegung, Ruhe und mentale Fürsorge – kannst du sicherstellen, dass deine „Wundermaschine" Körper optimal läuft. Lass uns auf ein paar wichtige Punkte nochmal genauer eingehen:

Energiebooster: Ernährung und Sport

Willkommen im Power-Modus! Du fragst dich, wie du deine Energie den ganzen Tag über aufrechterhalten kannst, egal ob in der Schule, beim Sport oder einfach nur beim Chillen mit Freunden? Es geht nicht allein darum, was du machst, sondern auch darum, was du isst und wie du dich bewegst. In diesem Kapitel entdecken wir, wie Ernährung und Sport zusammenarbeiten, um deine Energie zu maximieren und dich auf Hochtouren zu bringen.

Die Kraftstoff-Theorie: Was du isst, ist, was du erhältst

Dein Körper ist wie ein High-Tech-Sportwagen. Gibst du ihm schlechten Treibstoff, läuft er nicht rund. Aber mit dem richtigen Treibstoff? Unschlagbar!

Kohlenhydrate: Dein Haupttreibstoff

Entscheide dich für komplexe Kohlenhydrate wie braunen Reis, Haferflocken oder Vollkornnudeln. Sie geben dir eine gleichmäßige Energieversorgung, ohne dass du später ein Tief erlebst und vor Heißhunger an nichts anderes mehr denken kannst. Einfache Kohlenhydrate wie Obst bieten schnelle Energie, ideal vor einem Training oder wenn du einen sofortigen Schub brauchst.

Proteine: Bausteine für deine Muskeln

Proteine helfen nicht nur beim Aufbau und Erhalt deiner Muskeln, sondern machen auch satt und liefern Energie über einen längeren Zeitraum. Gute Quellen sind Tofu und Hülsenfrüchte.

Fette: Nicht der Feind

Gesunde Fette wie in Avocados, Nüssen und Olivenöl sind essenziell, um dich satt zu halten und deine Energiezellen zu nähren. Besonders ungesättigte Fettsäuren sind gesund. Da lohnt sich ein Blick auf die Nährstoffangaben.

 Das Workout-Wunder – Sport als Energiekatalysator
Bewegung mag vielleicht das Letzte sein, woran du denkst, wenn du müde bist, aber paradoxerweise ist es genau das, was deinen Energielevel steigern kann.

Aerobes Training: Atme tief ein

Aerobes Training wie Laufen, Schwimmen oder Radfahren erhöht deinen Sauerstofffluss und hilft deinem Herz-Kreislauf-System, effizienter zu arbeiten. Das Ergebnis? Mehr Energie, den ganzen Tag über.

Krafttraining: Baue Kraft und Ausdauer auf

Muskeln verbrauchen viel Energie. Je mehr du also davon hast, desto höher ist dein sogenannter Grundumsatz, also dein täglicher Verbrauch an Energie, selbst wenn du dich nicht bewegst.

 Fun Fact: Muskeln sind schwerer als Fett. Daher nehmen viele erstmal zu, wenn sie mit einem Training zum Muskelaufbau beginnen.

Dehnübungen und Flexibilität: Nicht nur für Yogis

Dehnübungen verbessern deine Flexibilität und Blutzirkulation und können helfen, Stress und Verspannungen abzubauen.

Die Erholungsphase: Nicht vergessen, zu chillen!

Entspannung ist genauso wichtig wie Aktivität. Schlaf und aktive Erholung (wie Yoga oder leichte Spaziergänge) sind entscheidend, um dein Energieniveau zu regenerieren und zu erhalten.

Energiebooster-Strategien für den Alltag

Halte deinen Blutzuckerspiegel stabil. Das kannst du erreichen, indem du regelmäßig isst oder aber einfache Kohlenhydrate vermeidest, die z. B. in Weißbrot enthalten sind und zu wahren Fressattacken führen können. Manche Theorien sprechen von fünf Mahlzeiten am Tag, andere eher von zwei bis drei. Wie immer gehen auch bei der Ernährung die Meinungen der Experten weit auseinander.

Game Changers

Hast du schon von „The Game Changers" gehört? Dieser coole Dokumentarfilm könnte deine Sicht auf Essen und Fitness komplett auf den Kopf stellen! Der Film folgt James Wilks, einem ehemaligen UFC-Kämpfer, der auf eine spannende Mission geht, um herauszufinden, wie eine pflanzenbasierte Ernährung die Leistung von Spitzensportlern beeinflussen kann. Hier sind ein paar überraschende Erkenntnisse aus dem Film:

1. Kraft aus Pflanzen

Stell dir vor, du könntest schneller, stärker und besser werden, einfach, indem du änderst, was auf deinem Teller landet. „The Game Changers" zeigt verschiedene Athleten – von Sprintern über Gewichtheber bis hin zu extremen Ultramarathonläufern –, die alle durch den Wechsel zu einer pflanzenbasierten Ernährung unglaubliche Leistungssteigerungen erlebt haben. Es geht darum, wie Pflanzenkraft sie nicht nur schneller und stärker gemacht hat, sondern auch ihre Erholungszeit drastisch verkürzt hat.

2. Wissenschaft hinter dem Hype

Der Film liefert auch die Wissenschaft und erklärt, wie Pflanzen die Blutzirkulation verbessern, Entzündungen verringern und sogar den Sauerstofffluss zu deinen Muskeln erhöhen können. Das bedeutet: mehr Energie, bessere Leistung und schnelleres Heilen nach einem harten Training.

3. Umweltbonus

Neben den persönlichen Vorteilen für die Gesundheit und Fitness beleuchtet der Film auch, wie eine pflanzenbasierte Ernährung dem Planeten hilft. Weniger Ressourcenverbrauch und geringere Umweltbelastung? Ja, bitte! Win-win für Körper und Umwelt.

4. Mythos-Busting

Glaubst du, dass du Fleisch brauchst, um Muskeln aufzubauen? Der Film räumt mit vielen Mythen auf und zeigt, dass Pflanzen alle notwendigen Proteine liefern können, die du für ernsthaftes Muskelwachstum brauchst. Sie bringen einige der stärksten Athleten der Welt hervor – ganz ohne Steak.

5. Inspirierende Storys

Die Geschichten sind echt inspirierend. Sie zeigen, dass Veränderung möglich ist und dass sogar echt winzige Änderungen deiner Essgewohnheiten einen großen Unterschied machen können (Stichwort: Rote Bete). Es geht darum, deine eigenen Grenzen zu testen und zu sehen, wie weit du gehen kannst, wenn du deinem Körper das gibst, was er tatsächlich verlangt.

Also, ob du ein angehender Athlet bist oder einfach nur fitter und gesünder leben möchtest, „The Game Changers" könnte genau der Motivationsschub sein, den du brauchst, um deinen eigenen Weg zu Gesundheit und Spitzenleistungen zu finden. Wie wäre es, wenn du das nächste Mal im Supermarkt etwas mehr Grün in deinen Einkaufswagen legst und siehst, was passiert? Es könnte ein echter Game Changer sein!

Mentale Gesundheit

Wahrscheinlich geht dir täglich eine Menge durch den Kopf: Schule, Freunde, Zukunft ... das kann ganz schön stressig werden. Kein Wunder, dass deine mentale Gesundheit manchmal auf eine harte Probe gestellt wird. Aber keine Sorge, deshalb geben wir dir ein paar Tipps, um mental gesund zu bleiben:

1. Atemübungen: Einfach mal tief durchatmen

Das klingt vielleicht zu einfach, um wahr zu sein, aber Atemübungen sind ein echtes Power-Tool, um Stress abzubauen und Ängste zu lindern. Probier doch mal die 4-7-8-Technik:

1. Atme 4 Sekunden lang tief durch die Nase ein.
2. Halte den Atem für 7 Sekunden.
3. Atme 8 Sekunden lang durch den Mund aus.
4. Wiederhole das ein paar Mal und du wirst spüren, wie die Anspannung nachlässt. Das ist wie ein Mini-Urlaub für dein Gehirn!

2. Sport: Beweg dich glücklich

Ob du tanzt, Fußball spielst, schwimmst oder einfach nur spazieren gehst – Bewegung ist superwichtig für deine mentale Gesundheit. Sport setzt nämlich Endorphine frei, auch bekannt als „Glückshormone", die deine Stimmung sofort heben können. Plus, es ist eine tolle Möglichkeit, mal vom Alltagsstress abzuschalten.

Fun Fact: Das sogenannte Runners High setzt in deinem Körper ähnliche Gefühle frei wie bei Kiffern das Rauchen eines Joints.

3. Yoga & Meditation: Ruhe in der Bewegung

Yoga und Meditation sind wie Zaubertricks für deine mentale Gesundheit. Sie helfen dir, dich zu entspannen und den Moment zu genießen, was besonders hilfreich ist, wenn du dich überwältigt fühlst.

Apps wie „Headspace" oder „Calm" bieten tolle Einstiegsmeditationen, die speziell für Jugendliche entwickelt wurden.

4. Soziales: Gemeinsam statt einsam

Auch wenn du manchmal vielleicht Lust hast, dich zurückzuziehen – Zeit mit Freunden oder Familie zu verbringen, kann superwichtig für deine psychische Gesundheit sein. Es geht nichts über ein gutes Gespräch, gemeinsames Lachen oder einfach das Gefühl, nicht alleine zu sein. Und wenn du mal niemanden zum Reden hast, denk daran, dass es auch professionelle Hilfe gibt, zum Beispiel Schulpsychologen oder Beratungsstellen.

Denk daran: Es ist völlig okay, nicht immer okay zu sein. Wichtig ist, dass du dir die Unterstützung holst, die du brauchst und verdienst. Stay strong!

Quiz: Bist du ein Gesundheitsprofi?

Finde heraus, wie viel du wirklich über Medizin, Fitness und gesundes Leben weißt!

Frage 1: Welches Hormon wird oft als „Glückshormon" bezeichnet, das beim Sport freigesetzt wird?

A) Adrenalin
B) Cortisol
C) Endorphine
D) Insulin

Frage 2: Wie viele Gläser Wasser solltest du mindestens täglich trinken, um hydriert zu bleiben?

A) 3–4 Gläser
B) 6–8 Gläser
C) 10–12 Gläser
D) 14–16 Gläser

Frage 3: Was ist die 4-7-8-Atemtechnik?

A) Eine Technik zum schnellen Einschlafen und Entspannen
B) Ein Cardio-Workout
C) Eine Methode zum Gewichtheben
D) Eine Diätstrategie

Frage 4: Warum sollte man sich zwischen den Schulstunden oder Lernsessions bewegen oder strecken?

A) Um die Langeweile zu vertreiben.
B) Es ist nicht empfehlenswert.
C) Um mehr Kalorien zu verbrennen.
D) Um die Muskeln zu entspannen und die Durchblutung zu fördern.

Frage 5: Was ist der Hauptvorteil von Yoga und Meditation für die mentale Gesundheit?

A) Sie erhöhen die Muskelmasse.
B) Sie verbessern die Flexibilität und reduzieren Stress.
C) Sie erhöhen den Grundumsatz.
D) Sie verbessern die Knochendichte.

Frage 6: Wie viele Minuten tägliche Aktivität werden für Teenager empfohlen?

A) 30 Minuten
B) 10 Minuten
C) 60 Minuten
D) 40 Minuten

Frage 7: Welche Rolle spielt das Trinken von Wasser bei der mentalen Leistungsfähigkeit?

A) Wasser hat keinen Einfluss auf das Gehirn.
B) Kann die Konzentrationsfähigkeit und kognitive Funktionen verbessern.
C) Führt zu Wasservergiftung.
D) Reduziert die Intelligenz.

Frage 8: Welches Lebensmittel ist bekannt dafür, gute Fette zu enthalten, die das Gehirn und den Körper unterstützen?

A) Weiße Schokolade
B) Weißbrot
C) Zuckerhaltige Getränke
D) Avocados

Frage 9: Welche Übung verbessert nicht nur die physische, sondern auch die mentale Gesundheit durch den Aufbau von Disziplin und Selbstvertrauen?

A) Fernsehen
B) Sport treiben

C) Computerspiele spielen

D) Schlafen

Frage 10: Welche Wirkung hat eine hohe Zufuhr von zuckerhaltigen Getränken auf deinen Körper?

A) Kann zu Gewichtszunahme und Zahnproblemen führen.

B) Erhöht die Knochengesundheit.

C) Verbessert die Gehirnfunktion.

D) Keine Auswirkungen

Frage 11: Was ist der Vorteil, wenn du Vollkornprodukte statt weißer, raffinierter Körner isst?

A) Vollkornprodukte enthalten weniger Nährstoffe.

B) Vollkornprodukte sind reicher an Ballaststoffen und Nährstoffen.

C) Es gibt keinen Unterschied.

D) Vollkornprodukte sind günstiger.

Frage 12: Wie wirkt sich regelmäßiger Schlaf auf die Gesundheit aus?

A) Kann die Aufmerksamkeit und das Gedächtnis verbessern.

B) Kein Einfluss

C) Führt zu schlechter Haut.

D) Reduziert die Lebenserwartung.

Antworten:

1: C), 2: B), 3: A), 4: D), 5: B), 6: C), 7: B), 8: D), 9: B), 10: A), 11: B), 12: A)

Projekt: Dein persönliches Entspannungsritual

Stress abbauen, entspannen, neue Energie tanken – klingt gut, oder? In diesem Projekt wirst du Schritt für Schritt dein eigenes Entspannungsritual entwickeln. Hier sind einige Entspannungsrituale, die du ausprobieren und in dein tägliches Leben integrieren kannst:

1. Atemübungen

Beginne dein Ritual mit einigen tiefen, bewussten Atemzügen. Die 4-7-8-Atemtechnik von vorhin ist ideal.

2. Progressive Muskelentspannung

Bei dieser Technik spannst du abwechselnd verschiedene Muskelgruppen für einige Sekunden ganz stark an und entspannst sie danach langsam und bewusst. Beginne bei deinen Füßen und arbeite dich bis zum Kopf vor. Diese Methode reduziert körperliche Anspannung und fördert das allgemeine Wohlbefinden.

3. Meditation

Suche dir eine gemütliche Körperhaltung und schließe deine Augen. Lenke deine Aufmerksamkeit auf deinen Atem oder wiederhole ein beruhigendes Mantra. Meditation kann helfen, den Geist von störenden Gedanken zu befreien und tiefe Entspannung zu fördern. Außerdem hilft sie beim Konzentrieren, macht dich ausgeglichener und weniger impulsiv und kann sogar für ein längeres Leben sorgen.

4. Spaziergänge in der Natur

Manchmal ist frische Luft genau das, was du brauchst. Ein ruhiger Spaziergang, besonders in einer grünen Umgebung, kann Wunder wirken. Die natürliche Umgebung hilft, Stresshormone zu reduzieren und deinen Geist zu klären.

 Fun Fact: Bäume machen glücklich, weil sie Duftstoffe namens „Phytonzide" absondern, die nachweislich Stress reduzieren und die Stimmung verbessern. Wenn wir in der Nähe von Bäumen sind, können wir diese beruhigenden Duftstoffe einatmen und uns dadurch entspannter und glücklicher fühlen.

5. Tagebuch führen

Nimm dir Zeit, um über deinen Tag zu schreiben. Das Aufschreiben deiner Gedanken und Gefühle kann dir helfen, Dinge zu verarbeiten und loszulassen. Es ermöglicht dir auch, deine Erfolge zu feiern und Dankbarkeit zu üben.

6. Entspannende Musik hören oder ein Buch lesen

Erstelle eine Playlist mit entspannender Musik, die dich beruhigt, oder greif zu einem Buch, das dich interessiert. Musik und Lesen können als Flucht aus dem Alltagsstress dienen und dir helfen, in eine andere Welt einzutauchen.

7. Yoga

Yoga kombiniert Atemtechniken, Meditation und körperliche Bewegungen, um Stress abzubauen und Körper sowie Geist zu entspannen. Es gibt viele Yoga-Stile, von energiegeladen bis sanft, sodass du sicher etwas findest, das zu dir passt. Auf YouTube oder Netflix wirst du beispielsweise fündig, wenn du nicht in einen Kurs gehen möchtest.

Wie du dein Ritual gestaltest:

- Wähle zwei bis drei der vorgestellten Techniken aus, die dich am meisten ansprechen.
- Setze sie täglich oder so oft wie möglich um, vorzugsweise zur gleichen Zeit, um eine Routine zu entwickeln.
- Beobachte, wie sich dein Körper und dein Geist im Laufe der Zeit verändern. Pass dein Ritual bei Bedarf an.
- Viel Spaß beim Entdecken, was dir guttut!

Rätsel

Mit der Kommunikation ist das so eine Sache: Manchmal redet man sich den Mund fusselig und das Gegenüber versteht einen doch nicht. Leicht kann es dann auch zu Unstimmigkeiten oder sogar einem Streit kommen. Eigentlich wollte das keiner, aber sind die Fronten einmal verhärtet, geht manchmal gar nichts mehr. Wie kommt man aus dem Schlamassel wieder heraus, ohne gar eine Freundschaft zu gefährden? Oder besser gar nicht hinein?

Am besten, du findest erstmal heraus, ob du eher die Giraffen- oder Wolfsprache nutzt. Hä, was ist damit gemeint, fragst du dich, und was haben Tiere überhaupt mit Sprache zu tun?

9

Soziales Leben: Wie du zum Kommunikationsprofi wirst

Lass uns dieses Kapitel mit einer kleinen Zeitreise beginnen: Es ist der 9. November 1989, und in Berlin ist alles ruhig. Die Stadt, die durch eine massive Betonmauer geteilt war, steht kurz vor einem unfassbaren Ereignis. Noch ahnt niemand etwas von dem Missverständnis, das Deutschland auf den Kopf stellen wird.

Alles beginnt mit Günter Schabowski, einem DDR-Regierungssprecher, der eine wichtige Pressekonferenz hat. Allerdings hat er keine Zeit gehabt, sich ausführlich vorzubereiten. So verkündet er nach einem Blick auf seine Notizen, dass die Reisebeschränkungen gelockert werden sollen. Die Reporter fragen ihn, ab wann das gilt. Schabowski stottert, blättert durch seine Notizen und sagt schließlich, eher verwirrt als sicher: „Sofort, unverzüglich." Diese Nachricht geht viral – ganz ohne Internet.

Die Menschen in Ostberlin können es nicht glauben. Sie stürmen zur Mauer, die ihre Stadt in zwei Hälften teilt, überzeugt davon, dass sie ab jetzt einfach durchgehen können. Die Grenzsoldaten, total überfordert und ohne klare Anweisungen, sehen sich Tausenden von Menschen gegenüber. Was tun? Sie öffnen die Schranken. Die Mauer, Symbol des Kalten Krieges, wird über Nacht zu einem Partyplatz. Ost und West treffen sich, die Leute umarmen sich, weinen und feiern zusammen. Ein gigantisches Missverständnis wird zum Freudenfest.

Aber nicht jede misslungene Kommunikation endet so glücklich. Nur zehn Jahre später arbeitet die NASA an einem Mega-Projekt: dem Mars Climate Orbiter, der den Mars erforschen soll. Doch es gibt ein gewaltiges Problem, über das sich keiner bewusst ist: Ein Teil des internationalen Teams verwendet das metrische System (also Meter und Kilogramm), während ein anderer Teil mit dem imperialen System arbeitet (das sind Pfund und Fuß). Klingt nach einem kleinen Detail? Weit gefehlt. Dieses Missverständnis führte dazu, dass die Raumsonde verglühte und 327,6 Millionen Dollar wortwörtlich in Rauch aufgingen.

Diese beiden Geschichten zeigen, dass Kommunikation – gut oder schlecht – eine große Macht hat. Und genau deshalb ist es so wichtig, miteinander zu reden und sicherzustellen, dass man sich auch versteht. Dass es dabei nicht nur um Worte geht, wirst du gleich sehen.

Gestik, Mimik und Körpersprache – Die Kunst der nonverbalen Kommunikation

Zuerst einmal dreht sich alles um eine superwichtige, aber oft übersehene Art der Kommunikation – die nonverbale Kommunikation. Das beinhaltet alles, was du sagst, ohne ein Wort zu verwenden: deine Gesten, deine Gesichtsausdrücke und deine gesamte Körperhaltung. Warum ist das so wichtig? Weil WIE du etwas sagst, oft genauso wichtig ist wie das, WAS du sagst.

Gestik – Sprich mit den Händen

Hast du schon einmal jemanden beobachtet, der wirklich begeistert von etwas erzählt? Wahrscheinlich hast du gesehen, wie die Person ihre Hände benutzt hat, um ihre Worte zu unterstreichen. Gesten können helfen, deine Worte zu verstärken und deine Botschaft klarer zu machen:

- Wenn du etwas Wichtiges betonen möchtest, kannst du deine Handfläche nach oben drehen, als würdest du etwas halten.
- Um Größe oder Menge zu zeigen, breite deine Arme weiter aus oder bringe sie näher zusammen.

 Fun Fact: Politiker studieren ihre Gesten bewusst ein. Angela Merkel, die ehemalige Bundeskanzlerin von Deutschland, ist bekannt für ihre charakteristische Handgeste, bei der sie die Spitzen ihrer Finger zu einem Rhombus formt, der oft als „Merkel-Raute" bezeichnet wird. Diese Geste wurde zu einem Symbol ihrer ruhigen und kontrollierten Art der politischen Führung.

Mimik – Das Fenster zu deinen Gefühlen

Dein Gesichtsausdruck kann extrem viel darüber verraten, wie du dich wirklich fühlst. Ein echtes Lächeln zum Beispiel kann nicht nur deine Augen, sondern auch die um dich herum zum Leuchten bringen. Aber Vorsicht! Menschen sind ziemlich gut darin, zu erkennen, ob ein Lächeln echt oder nur aufgesetzt ist.

- Versuche, bei Gesprächen deinen Gesichtsausdruck passend zu deinen Worten zu wählen. Freude, Überraschung, Zustimmung oder Skepsis können durch einfache Veränderungen im Ausdruck deines Gesichts deutlich gemacht werden.
- Denke daran, dass deine Mimik auch zeigen kann, wie aufmerksam und interessiert du bist. Ein aufmerksamer Blick zeigt, dass du dem Gesprächspartner folgst und ihn wertschätzt.

Körpersprache – Dein Körper spricht Bände

Die Art, wie du stehst oder sitzt, kann viel darüber aussagen, wie selbstbewusst oder nervös du bist. Eine offene, entspannte Körperhaltung kann freundlich und einladend wirken, während verschränkte Arme oder Beine oft als Zeichen von Verschlossenheit oder Unsicherheit gedeutet werden können. Hier sind ein paar Dinge, die du beachten solltest:

- Achte darauf, eine Haltung anzunehmen, die Offenheit signalisiert. Das bedeutet oft, sich leicht nach vorne zu lehnen und Augenkontakt zu halten.
- Vermeide es, zu oft hin und her zu schaukeln oder mit den Füßen zu wippen, da das Unsicherheit ausstrahlen kann.

Nonverbale Kommunikation kann deine verbalen Botschaften verstärken, verwirren oder sogar ersetzen. Durch das Bewusstsein und die gezielte Nutzung von Gestik, Mimik und Körpersprache kannst du deine sozialen Interaktionen wesentlich verbessern.

 Tipp: Das Spiel Tabu eignet sich insbesondere, um Gestik, Mimik und Körpersprache spielerisch zu üben und dir über deine Sprache bewusster zu werden.

Kommunikation in virtuellen Welten und in der Realität

In der modernen Kommunikation verschwimmen die Grenzen zwischen der digitalen und der realen Welt immer mehr. Egal, ob du in sozialen Medien postest, an einer Online-Diskussion teilnimmst oder mit Freunden im Park abhängst, die Art und Weise, wie du kommunizierst, hat großen Einfluss darauf, wie du wahrgenommen wirst. Jetzt erfährst du, wie du sowohl online als auch offline effektiv kommunizieren kannst:

Kommunikation in virtuellen Welten – Mehr als nur Worte

In der digitalen Welt fehlen oft die nonverbalen Hinweise, von denen gerade die Rede war und die in persönlichen Interaktionen so wichtig sind. Deshalb ist es besonders entscheidend, deine Worte sorgfältig zu wählen und klar zu kommunizieren.

- Vermeide Missverständnisse, indem du klar und deutlich formulierst, was du sagen möchtest. Emojis und Abkürzungen können helfen, deine Emotionen auszudrücken, aber sie sollten sparsam verwendet werden, um deine Nachricht nicht zu überladen.

- Online-Interaktionen können schnell hitzig werden. Es ist wichtig, respektvoll zu bleiben, selbst wenn du anderer Meinung bist. Denke daran, dass hinter jedem Monitor eine echte Person sitzt.

Kommunikation in der Realität – Die Macht der Präsenz

Im realen Leben spielen Gestik, Mimik und Körpersprache eine große Rolle. Deine Fähigkeit, ungesagte Signale zu erkennen und zu entschlüsseln, kann dir Kommunikation deutlich erleichtern. So kannst du das anwenden:

- Zeige durch deine Körperhaltung und Mimik, dass du aktiv zuhörst. Nicken, Augenkontakt und gelegentliches Wiederholen, was gesagt wurde, können zeigen, dass du engagiert bist.
- Deine Körpersprache sollte der Situation angepasst sein. In einem formellen Gespräch ist eine aufrechte Haltung angebracht, während du in einer lockeren Runde entspannt im Sessel lümmeln kannst.

Die Verbindung von virtuell und real – Beste Praktiken

Da wir oft zwischen digitaler und realer Kommunikation wechseln, ist es nützlich, Praktiken zu entwickeln, die in beiden Welten funktionieren:

- Versuche, online und offline dieselbe Person zu sein. Authentizität baut Vertrauen auf und erleichtert den Übergang zwischen den beiden Welten.
- Egal ob online oder persönlich, konstruktives Feedback kann dir helfen, deine Kommunikationsfähigkeiten zu verbessern. Achte darauf, wie andere auf deine Nachrichten reagieren, und passe deine Methoden entsprechend an. Rufe gegebenenfalls an oder sende eine Sprachnachricht und hake nach, bevor Missverständnisse entstehen.

Giraffensprache oder Wolfsprache – Was ist besser?

Was haben Giraffen und Wölfe mit Sprache zu tun? Lass uns diese beiden Symbole genauer anschauen:

Was ist Giraffensprache?

Eine Giraffe hat ein großes Herz (tatsächlich das größte von allen Landtieren!) und einen langen Hals, mit dem sie die Welt aus einer höheren Perspektive sieht. In der Kommunikation symbolisiert die Giraffe eine freundliche, offene und empathische Art zu reden. Wenn du „Giraffensprache" sprichst:

- **Zeigst du Verständnis:** Du hörst zu, um wirklich zu verstehen, nicht nur, um zu antworten.
- **Sprichst du über deine Gefühle:** Statt zu sagen „Das ist blöd!", könntest du sagen „Ich fühle mich frustriert, weil ich davon ausging, dass wir zusammenarbeiten würden".
- **Fragst du nach Bedürfnissen:** Anstatt Anweisungen zu geben, fragst du, was die andere Person braucht, zum Beispiel „Wie kann ich dir helfen, damit es dir besser geht?".

Was ist Wolfsprache?

Ein Wolf auf der anderen Seite kann stark und manchmal einschüchternd wirken. Wolfsprache ist direkter und oft aggressiver. Das kann nützlich sein, wenn du dich durchsetzen musst, aber es kann auch Probleme geben, wenn es zu hart rüberkommt. Wenn du „Wolfsprache" sprichst:

- **Gibst du oft Befehle:** Wie „Mach das jetzt!", statt um Hilfe zu bitten.
- **Kritisierst du schnell:** Du sagst vielleicht „Das ist total falsch!", anstatt konstruktive Kritik zu äußern.
- **Ignorierst du oft die Gefühle anderer:** Es geht mehr darum, was du willst, und weniger darum, wie es dem anderen dabei geht.

So weit klar? Machen wir das an einem Beispiel deutlich:

Dein Freund hat vergessen, dir ein wichtiges Buch für die Schule zurückzugeben.

- **Giraffensprache:** „Ich bin besorgt, weil ich das Buch morgen brauche. Können wir vielleicht einen Weg finden, dass ich es heute noch bekomme? Was denkst du?"
- **Wolfsprache:** „Du hast schon wieder mein Buch nicht zurückgebracht! Jetzt muss ich sehen, wie ich das regle. Das ist echt ärgerlich!"

Welche Sprache ist besser?

Ob du Giraffensprache oder Wolfsprache wählst, hängt von der Situation ab. Wenn du Beziehungen stärken und Konflikte friedlich lösen willst, ist Giraffensprache meistens der bessere Weg. Sie fördert Verständnis und Zusammenarbeit. Wolfsprache kann effektiv sein, wenn du schnell handeln musst oder in einer Notsituation bist, kann aber auch schnell zu Missverständnissen und Streit führen.

Du kannst immer probieren, dich in die Lage des anderen hineinzufühlen und zu überlegen, welche Wirkung deine Worte auf ihn haben. Würdest du denn lieber mit der Giraffe oder dem Wolf sprechen? Meistens hilft dir eine herzliche, offene Kommunikation dabei, bessere Beziehungen aufzubauen und Konflikte sanfter zu lösen. Probier's aus!

 Tipp: Es gibt einen tollen Test, der dir mehr über deine Persönlichkeit verrät. Wenn du dich und andere Typen verstehst, hilft das im täglichen Umgang sehr: www.16personalities. com/de.

Quiz: Welcher Kommunikationstyp bist du?

Es gibt unterschiedliche Kommunikationstypen. Nun ist deine Chance, herauszufinden, welcher davon du bist. Dabei kannst du auch mehrere Antwortmöglichkeiten auswählen:

Frage 1: Wenn du mit einem Problem konfrontiert wirst, wie reagierst du typischerweise?

A) Ich versuche, die Situation zu analysieren und logische Lösungen zu finden.
B) Ich denke darüber nach, wie sich alle Beteiligten fühlen könnten.
C) Ich diskutiere das Problem und drücke meine Meinung aus.

Frage 2: Wie gehst du mit Kritik um?

A) Ich nehme mir Kritik sehr zu Herzen und denke lange darüber nach.
B) Ich versuche zu verstehen, woher die Kritik kommt und was die Intention dahinter ist.
C) Manchmal fühle ich mich angegriffen und reagiere defensiv.

Frage 3: Wie würden deine Freunde deine Kommunikationsfähigkeiten beschreiben?

A) Sachlich und informativ.
B) Empathisch und unterstützend.
C) Direkt und manchmal impulsiv.

Frage 4: Was ist dir in Gesprächen am wichtigsten?

A) Dass die Fakten richtig dargestellt werden.
B) Dass sich jeder verstanden und respektiert fühlt.
C) Dass ich meine Punkte deutlich machen und überzeugen kann.

Frage 5: Wie verhältst du dich, wenn du in einer Gruppe sprechen musst?

A) Ich bin überzeugend und fühle mich wohl, solange ich gut vorbereitet bin.
B) Ich bin darauf bedacht, eine angenehme Atmosphäre zu schaffen.
C) Ich übernehme gerne die Führung und steuere das Gespräch.

Frage 6: Du hast eine Meinungsverschiedenheit mit einem Freund. Wie gehst du das Gespräch an?

A) Ich versuche, ruhig zu bleiben und mich auf Fakten zu stützen .

B) Ich achte darauf, wie mein Freund sich fühlt, und versuche, ihn nicht zu verletzen.

C) Ich sage klar, was ich denke, und stehe zu meiner Meinung.

Frage 7: Wie fühlst du dich bei der Arbeit oder in der Schule in Gruppenprojekten?

A) Ich sammle gerne alle Informationen und organisiere die Aufgaben.

B) Ich achte darauf, dass sich alle im Team wohl und eingeschlossen fühlen.

C) Ich übernehme oft die Führung und treffe Entscheidungen.

Frage 8: Ein Freund erzählt dir von einem Problem. Wie reagierst du?

A) Ich biete Lösungen oder Möglichkeiten an, das Problem zu lösen.

B) Ich höre zu und versuche, empathisch zu sein, ohne sofort Lösungen vorzuschlagen.

C) Ich kann manchmal ungeduldig werden, wenn das Problem einfach zu lösen scheint.

Frage 9: Wie reagierst du, wenn jemand deine Meinung kritisiert?

A) Ich überprüfe die Fakten und argumentiere logisch, um meinen Standpunkt zu verteidigen.

B) Ich versuche zu verstehen, warum andere so denken, und diskutiere das Problem ruhig.

C) Ich verteidige meine Meinung vehement und kann sehr leidenschaftlich werden.

Frage 10: Wie teilst du jemandem etwas mit, das ihn verletzen könnte?

A) Ich wähle meine Worte sorgfältig aus und stelle sicher, dass die Fakten korrekt sind.

B) Ich bin sehr vorsichtig und empathisch, um die Gefühle der anderen Person nicht zu verletzen.

C) Ich bin direkt und ehrlich, weil ich denke, dass es besser ist, die Wahrheit zu kennen.

Frage 11: Welche Rolle spielst du meistens, wenn du mit Freunden zusammen bist?

A) Ich bin oft der Informationsgeber, der Fakten und Geschichten teilt.

B) Ich bin der Zuhörer, der sich um die Probleme und Erzählungen der anderen kümmert.

C) Ich bin der Unterhalter oder derjenige, der die Aktivitäten und Gespräche lenkt.

Auswertung:

Mehrheitlich A: Analytischer Kommunikator. Du bevorzugst es, sachlich und detailorientiert zu kommunizieren. Du legst Wert auf Genauigkeit und logische Argumentation.

Mehrheitlich B: Empathischer Kommunikator. Du legst großen Wert auf emotionale Verbindungen und darauf, dass sich alle Beteiligten verstanden fühlen. Deine Stärke liegt in deiner Fähigkeit, zuzuhören und zu unterstützen.

Mehrheitlich C: Durchsetzungsstarker Kommunikator. Du bist sehr direkt und scheust nicht davor zurück, deine Meinung zu äußern. Du bist effektiv darin, deine Ideen zu präsentieren und andere zu überzeugen, aber manchmal könntest du als zu aggressiv wahrgenommen werden.

 Jeder Kommunikationstyp hat seine Stärken und Schwächen. Wichtig ist, dass du lernst, deine Kommunikationsfähigkeiten situativ anzupassen, um effektiv mit verschiedenen Menschen in unterschiedlichen Kontexten zu interagieren.

Projekt: Kommunikationsskills

Hier sind einige Übungen, mit denen du deine Kommunikationsskills schärfen kannst:

1. Sprechtechnik: Artikulation und Modulation

Ziel: Verbesserung der Deutlichkeit und Dynamik deiner Sprache.

- Lies einen Text laut vor, z. B. ein Gedicht oder einen Zeitungsartikel, und konzentriere dich darauf, jede Silbe deutlich auszusprechen.
- Experimentiere mit verschiedenen Stimmmodulationen: lauter, leiser, schneller, langsamer.
- Nimm deine Stimme auf und höre dir die Aufnahmen an, um Bereiche zu identifizieren, in denen du dich verbessern kannst.

2. Improvisationsübungen

Ziel: Schnelligkeit des Denkens und Reagierens in unerwarteten Kommunikationssituationen verbessern.

- Stelle dir vor, du bist in verschiedenen Situationen (zum Beispiel beim Interview, auf einer Party, in einem Streitgespräch), und spiele durch, wie du reagieren würdest.
- Führe ein fiktives Gespräch mit einer anderen Person. Wechsle die Rollen und antworte auf deine eigenen Fragen.
- Diese Übungen kannst du regelmäßig allein zu Hause durchführen. Sie werden nicht nur deine Kommunikationsfähigkeiten verbessern, sondern auch dein Selbstvertrauen stärken, wenn du vor anderen sprichst oder in sozialen Situationen agierst.

3. Stimmlage und Tonalität

Versuche einfach mal, in einer Gruppe zu sprechen. Verwende dabei lediglich ein Wort, zum Beispiel „Hallo", und betone dieses unterschiedlich. Es wird spannend sein, zu sehen, wann es der Gruppe auffällt und wie weit du mit deinen Gesten kommst.

4. Giraffe oder Wolf?

Untersuche, wann du die Giraffen- und wann die Wolfsprache verwendest. Probiere ganz gezielt aus, wie dein Umfeld auf beide Sprachen reagiert. Und wie reagierst du? Sind deine Eltern, Freunde oder Lehrer eher Giraffen oder Wölfe in der Kommunikation?

Rätsel

Fast Food kennt jeder, aber hast du schon einmal von Fast Fashion gehört? Und was hat deine Ernährung mit der Umwelt zu tun?

10

Unser Planet, unsere Zukunft

Greta Thunberg ist eine junge Umweltaktivistin aus Schweden, die berühmt wurde, weil sie mit gerade mal 15 Jahren jeden Freitag die Schule schwänzte, um vor dem schwedischen Parlament für besseren Klimaschutz zu demonstrieren. Ihre Aktion startete unter dem Namen „Fridays for Future" und hat Tausende von Jugendlichen rund um den Globus inspiriert, auch auf die Straße zu gehen und für ihre Zukunft zu kämpfen.

Greta ist ziemlich direkt, wenn es darum geht, Politikerinnen und Politiker weltweit darauf hinzuweisen, dass sie mehr gegen den Klimawandel unternehmen müssen. Sie hat schon vor großen Organisationen wie den Vereinten Nationen geredet und ist dafür bekannt, dass sie kein Blatt vor den Mund nimmt.

Was Greta auch interessant macht, ist ihre Art zu reisen: Sie entscheidet sich oft gegen das Fliegen wegen des hohen CO_2-Ausstoßes und sucht nach umweltfreundlicheren Alternativen. Zum Beispiel ist sie 2019 zwei Wochen in einem Segelboot über den Atlantik gereist, um an einem wichtigen UN-Klimagipfel in New York teilzunehmen. Dieses Segelboot wurde speziell ausgestattet, sodass es keine fossilen Brennstoffe verbraucht, sondern mit Solarpaneelen und Unterwasserturbinen für die notwendige Energie sorgt. Ihre Reise hat weltweit Aufmerksamkeit erregt und betont, wie ernst sie es meint, wenn es darum geht, den eigenen ökologischen Fußabdruck zu minimieren.

Gretas Botschaft ist klar und kraftvoll: Sie fordert uns alle auf, die Klimakrise als eine echte Krise anzuerkennen und entsprechend zu handeln. Ihre Entschlossenheit und ihr Engagement, selbst extreme Maßnahmen zu ergreifen, um ihre Überzeugungen zu leben, machen sie zu einem echten Vorbild.

Quiz: Wie umweltfreundlich lebst du?

Spielt der Gedanke an deine Umgebung in deinem Alltag und in dem deiner Familie eine große Rolle? Mit diesem Quiz kannst du es herausfinden:

Frage 1: Wie oft benutzt du öffentliche Verkehrsmittel, das Fahrrad oder gehst zu Fuß, statt im Auto mitzufahren?

A) Fast nie
B) Manchmal, wenn es bequem ist.
C) Oft, es ist mein Standardmodus.
D) Immer, wir haben kein Auto.

Frage 2: Wie oft verwendest du Einwegprodukte wie Plastikgeschirr, -becher oder -besteck?

A) Täglich
B) Mehrmals pro Woche
C) Selten
D) Nie

Frage 3: Kaufst du bewusst Produkte mit umweltfreundlicher Verpackung?

A) Nie darauf geachtet.
B) Manchmal, wenn es nicht teurer ist.
C) Oft, ich bevorzuge Produkte mit weniger Verpackung.
D) Immer, ich achte strikt darauf.

Frage 4: Wie oft isst du Fleisch oder Fisch?

A) Jeden Tag
B) Mehrere Male die Woche
C) Ein bis zwei Mal pro Woche
D) Nie, ich bin Vegetarier/Veganer.

Frage 5: Wie geht ihr zu Hause mit Elektronikschrott um, wenn alte Geräte ersetzt werden müssen?

A) Ich werfe sie in den normalen Müll.

B) Ich bewahre sie zu Hause auf, weil ich nicht weiß, wohin damit.

C) Ich bringe sie zu speziellen Sammelstellen oder zurück zum Händler.

D) Ich verkaufe oder spende sie, um Wiederverwendung zu fördern.

Frage 6: Wie oft kaufst du neue Kleidung?

A) Jede Woche

B) Einmal im Monat

C) Alle paar Monate

D) Nur wenn ich wirklich etwas brauche.

Frage 7: Nutzt ihr wassersparende Maßnahmen zu Hause (z. B. wassersparende Duschköpfe, Regenwasser sammeln)?

A) Nein, nicht wirklich.

B) Wir haben darüber nachgedacht, aber noch nichts umgesetzt.

C) Einige Maßnahmen sind umgesetzt.

D) Ja, wir nutzen mehrere Methoden, um Wasser zu sparen.

Frage 8: Wie oft kauft ihr lokale oder saisonale Produkte?

A) Wir achten nicht darauf.

B) Gelegentlich, wenn sie verfügbar sind.

C) Meistens, wir bevorzugen lokale Produkte.

D) Immer, wir kaufen nur saisonal und lokal.

Frage 9: Engagierst du dich in Umweltaktivitäten oder -initiativen?

A) Nein, das ist nichts für mich.

B) Selten, nur wenn es große Events gibt.

C) Regelmäßig, ich nehme an Aktionen teil.

D) Ich bin aktiv in Organisationen und helfe bei Projekten.

Frage 10: Wie oft recycelst du Materialien wie Papier, Glas und Kunststoff?

A) Ich recycle nicht.
B) Manchmal vergesse ich es.
C) Meistens recycle ich.
D) Ich recycle immer und trenne sorgfältig.

Bewertung:

Mehrheitlich A: Du fängst gerade erst an, über Umweltbewusstsein nachzudenken. Es gibt viele Möglichkeiten, wie du umweltfreundlicher leben kannst!

Mehrheitlich B: Du machst einige Anstrengungen, umweltbewusster zu leben, aber es gibt noch Raum für Verbesserungen.

Mehrheitlich C: Gut gemacht! Du lebst ziemlich umweltbewusst, aber es gibt immer Möglichkeiten, noch weiter zu gehen.

Mehrheitlich D: Ausgezeichnet! Du bist ein Umweltchampion, der aktiv dazu beiträgt, unseren Planeten für zukünftige Generationen zu schützen.

Was sind Ökosysteme und warum brauchen sie Schutz?

Stell dir vor, ein Ökosystem ist wie eine riesige, lebendige Stadt, in der jede Art von Pflanze, Tier und Mikroorganismus eine eigene wichtige Rolle hat. Diese „Stadtbewohner" arbeiten zusammen, um ihre Gemeinschaft – das Ökosystem – gesund und funktionsfähig zu halten. In dieser Stadt gibt es Bauarbeiter (Bäume und Pflanzen, die Sauerstoff produzieren), Gesundheitspersonal (Bakterien und Pilze, die den Boden nährstoffreich machen) und sogar Sicherheitskräfte (Raubtiere, die die Population von Pflanzenfressern regulieren).

Ökosysteme sind wie perfekt organisierte Großstädte, die auf fein abgestimmten Gleichgewichten basieren. Wenn eines dieser Gleichgewichte gestört wird, kann das ganze System in Mitleidenschaft gezogen werden. Nehmen wir zum Beispiel den Regenwald – die „Lunge der Erde". Er produziert einen großen Teil des Sauerstoffs, den wir atmen, und hilft, das globale Klima zu regulieren. Wenn Bäume abgeholzt werden, verlieren wir nicht nur diese lebenswichtigen Funktionen, sondern bedrohen auch die unglaubliche Vielfalt an Lebensformen, die dort existieren.

Aber warum müssen wir diese ökologischen „Städte" schützen? Ganz einfach: Ihr Wohlergehen beeinflusst direkt unser eigenes Überleben. Sie versorgen uns mit sauberer Luft, Wasser und Nahrung, regulieren das Klima und bieten sogar Rohstoffe, die für Medikamente und andere wichtige Produkte notwendig sind.

Erosion, Überschwemmungen und Dürren sind oft die direkten Folgen der Zerstörung von Ökosystemen. Es ist, als würde man die Fundamente eines Gebäudes untergraben – schließlich wird das gesamte Gebäude instabil.

Und genau deswegen ist es unglaublich wichtig, dass wir als Gemeinschaft zusammenarbeiten, um diese natürlichen „Städte" zu schützen und zu bewahren. Es geht nicht nur darum, die Natur zu schätzen, sondern auch darum, ein stabiles und sicheres Zuhause für zukünftige Generationen zu erhalten. Es ist, als würden wir in präventive Maßnahmen für unsere eigene Stadt investieren, um sicherzustellen, dass sie lebenswert bleibt.

Was bedeutet Nachhaltigkeit und Grüne Technologien?
Stell dir vor, du bist ein DJ, der nicht nur den Beat richtig hinbekommen, sondern auch darauf achten muss, dass die Party die ganze Nacht durchgeht,

ohne dass die Boxen überhitzen oder die Nachbarn sich beschweren. Nachhaltigkeit bedeutet genau das, aber in einem viel größeren Maßstab: Es geht darum, die Ressourcen der Erde so zu nutzen, dass sie reichen, um das Leben jetzt und in der Zukunft zu unterstützen, ohne dass der Planet oder seine Bewohner darunter leiden.

Jetzt zu den grünen Technologien: Stell dir vor, traditionelle Autos und Fabriken wären wie alte Handys, die den ganzen Tag aufgeladen werden müssen und ständig neue Probleme machen. Grüne Technologien sind wie die neuesten Smartphones, die mit einer einzigen Ladung tagelang halten und dabei superschnell und effizient sind. Diese Technologien nutzen saubere Energiequellen wie Wind, Sonne und Wasser, um alles am Laufen zu halten, von unseren Häusern bis zu unseren Autos, ohne schädliche Abgase in die Luft zu blasen oder wertvolle Ressourcen zu verschwenden.

Ein Beispiel für grüne Technologie ist das Elektroauto. Im Vergleich zu einem normalen Benzin- oder Dieselfahrzeug stößt es keine Emissionen aus, die zur Luftverschmutzung oder zum Klimawandel beitragen. Allerdings gibt es auch Herausforderungen und Kritikpunkte, wie die Umweltauswirkungen der Batterieproduktion, und es müssen noch sehr viel mehr Ladestellen gebaut werden. Insgesamt stellen Elektroautos jedoch einen wichtigen Schritt in Richtung einer nachhaltigeren Mobilität dar.

Ein weiteres Beispiel ist die Solarenergie. Wenn du Solarpanels auf deinem Dach hast, ist es so, als würdest du deine eigene Energie direkt von der Sonne zapfen – kostenlos und sauber.

Indem wir grüne Technologien fördern und unterstützen, tun wir im Grunde genommen das, was ein guter DJ tut: Wir halten die Energie am Laufen, sorgen für gute Stimmung und achten darauf, dass alles rund läuft, ohne Schäden zu verursachen. So stellen wir sicher, dass unser Planet auch zukünftigen Generationen eine lebenswerte Heimat bietet. Das ist der Kern von Nachhaltigkeit – es geht darum, clever und fürsorglich mit den Ressourcen umzugehen, die wir haben.

Wie unser Verhalten im Alltag den Planeten beeinflusst

Stell dir vor, jeder von uns hinterlässt eine Spur auf der Erde, ähnlich wie Fußabdrücke auf nasser Erde. Diese Spuren erzählen eine Geschichte darüber, wie wir leben und welche Entscheidungen wir treffen. Jedes Mal, wenn wir etwas kaufen, verwenden oder wegschmeißen, beeinflusst das unseren Planeten. Hier sind einige Beispiele:

- **Energieverbrauch:** Jedes Mal, wenn du das Licht einschaltest oder den Computer hochfährst, verbrauchst du Energie. Wenn diese Energie aus fossilen Brennstoffen wie Kohle oder Erdgas stammt, trägt das zum Klimawandel bei. Es ist wie das Anlassen eines alten Autos, das viel Rauch ausstößt – es funktioniert, aber es verschmutzt die Luft.

- **Wasserverbrauch:** Wenn du lange duschst oder das Wasser laufen lässt, während du dir die Zähne putzt, verbrauchst du viel Wasser. In vielen Teilen der Welt ist sauberes Wasser knapp, und übermäßiger Gebrauch hier kann bedeuten, dass Menschen anderswo weniger haben.

- **Müllproduktion:** Jedes Mal, wenn du etwas Wegwerfbares benutzt – sei es eine Plastiktüte, Einweggeschirr oder eine Plastikflasche –, trägt das zum Müllproblem bei. Dieser Müll kann in Deponien landen, wo er Jahre zum Zersetzen braucht, oder er kann in den Ozeanen enden und Meereslebewesen schaden. Es ist wie das Hinterlassen von Müll in einem Park; es verdirbt die Schönheit und ist schädlich für die Umwelt.

- **Transport:** Wenn du mit dem Auto statt mit dem Fahrrad oder öffentlichen Verkehrsmitteln zur Schule oder zur Arbeit fährst, erhöht das deinen CO_2-Fußabdruck. Autos stoßen Treibhausgase aus, die wie eine Decke um die Erde wirken und die Atmosphäre erwärmen. Das ist so, als würdest du im Sommer mit einer dicken Winterjacke herumlaufen – es wird unnötig warm.

- **Konsumverhalten:** Jedes Produkt, das du kaufst, hat einen ökologischen Fußabdruck, von der Herstellung bis zum Transport. Wenn du häufig neue Kleidung kaufst und alte wegwirfst, trägst du zur Modeverschwendung bei. Das ist wie das Lesen eines Buches und das Wegwerfen, nachdem du es nur einmal gelesen hast, anstatt es in der Bibliothek auszuleihen oder nach dem Lesen weiterzugeben.

Der „grüne Fußabdruck" zeigt, wie viel natürliche Ressourcen du verbrauchst, von CO_2-Emissionen bis hin zu Wasserverbrauch. Mit Tools wie dem „Footprint Calculator" vom Global Footprint Network kannst du checken, wie dein Lifestyle unseren Planeten beeinflusst und was du verbessern kannst. Schau auf der Website nach und finde heraus, wie viele Erden wir bräuchten, wenn alle so leben würden wie du.

Durch bewusste Entscheidungen im Alltag – wie Energiesparlampen zu verwenden, Wasser zu sparen, weniger Müll zu produzieren, nachhaltigere Transportoptionen zu wählen und verantwortungsbewusst zu konsumieren – können wir unsere Spuren auf der Erde verkleinern. Es geht darum, jeden Tag kleine Entscheidungen zu treffen, die zusammen einen großen Unterschied machen können.

Wissensquiz zum blauen Planeten

Wie gut du dich um deine Umwelt kümmerst, hast du ja bereits herausgefunden. Aber wie sieht es mit deinem Allgemeinwissen rund um unseren Planeten aus? Lass uns einen Faktencheck starten:

Frage 1: Was versteht man unter „Fast Fashion"?

A) Langsam hergestellte Mode
B) Schnell wechselnde Modetrends und günstige Produktion
C) Kleidung, die besonders langlebig ist.
D) Handgemachte Luxusmode

Frage 2: Warum ist Radfahren gesund für Menschen und gut für die Umwelt?

A) Es reduziert CO_2-Emissionen und fördert die Fitness.
B) Es ist teuer im Unterhalt.
C) Es verbraucht viel Energie.
D) Es ist langsamer als Autofahren.

Frage 3: Welche Ernährung könnte helfen, die Klimakrise zu bekämpfen?

A) Eine überwiegend fleischbasierte Diät
B) Viel industriell verarbeitete Lebensmittel
C) Eine pflanzenbasierte oder vegetarische Diät
D) Unveränderte Essgewohnheiten

Frage 4: Was ist eine nachhaltige Energiequelle?

A) Kohle
B) Erdöl
C) Solarenergie
D) Naturgas

Frage 5: Wie kann der tägliche Wasserverbrauch reduziert werden?

A) Durch langes Duschen
B) Durch das Verwenden von mehr Wasser in der Gartenarbeit
C) Durch häufigeres Autowaschen
D) Durch das Installieren wassersparender Armaturen

Frage 6: Was bewirkt die Wiederverwendung von Produkten?

A) Sie erhöht den Müll.
B) Sie kostet mehr Energie.
C) Sie schont Ressourcen und verringert Abfall.
D) Sie ist weniger effizient als Recycling.

Frage 7: Was sind invasive Arten und warum sind sie ein Problem?

A) Einheimische Arten, die natürliche Lebensräume schützen.
B) Arten, die aus anderen Ökosystemen stammen und lokale Arten verdrängen.
C) Geschützte Arten, die in Wildreservaten leben.
D) Nützliche Arten, die die Biodiversität fördern.

Frage 8: Wie wirkt sich der Kauf von lokalen Produkten auf die Umwelt aus?

A) Vermindert den CO_2-Fußabdruck durch kürzere Transportwege.
B) Erhöht den globalen Transportbedarf.
C) Hat keinen Einfluss auf die Umwelt.
D) Führt zu einer Überproduktion von Gütern.

Frage 9: Warum sollten wir Regenwasser sammeln?

A) Um Trinkwasser zu ersetzen.
B) Um Geld zu sparen.
C) Es ist gesetzlich vorgeschrieben.
D) Um es für die Bewässerung des Gartens zu nutzen und Trinkwasser zu sparen.

Richtige Antworten:

1: B), 2: A), 3: C), 4: C), 5: D), 6: C), 7: B), 8: A), 9: D)

Projekt: Deine vegane/vegetarische Challenge

Indem du dich für vegane Mahlzeiten entscheidest, tust du nicht nur etwas Gutes für die Tiere und deinen Körper, sondern auch für unseren Planeten. Es ist einfacher, als du denkst, und jeder Schritt zählt! Warum also nicht mal ausprobieren und sehen, wie es dir damit geht? Jede Aktion, groß oder klein, kann eine große Wirkung haben. Let's make a change together!

 Wichtig: Wenn du es direkt mit einer veganen Ernährung ausprobieren möchtest, sind Vitamin-B12-Tabletten als Nahrungsergänzungsmittel wichtig.

Warum überhaupt vegan leben?

Wenn du vegan lebst, bedeutet das nicht nur, dass keine Tiere für dein Essen leiden müssen, sondern es hat auch Megavorteile für unseren Planeten. Hier sind ein paar schnelle Fakten, warum das vegane Leben echt Sinn ergibt:

- **Erde schonen:** Die Herstellung von Fleisch und anderen tierischen Produkten pumpt Unmengen an Treibhausgasen in die Luft – das ist schlecht fürs Klima. Auch der Verbrauch von Wasser und Land ist enorm hoch, wenn es um Tierhaltung geht. Durch Verzicht auf tierische Produkte reduzierst du deine eigenen Umweltspuren massiv.
- **Wasser sparen:** Für ein einziges Steak wird so viel Wasser verbraucht, wie du vielleicht zum Duschen in einem ganzen Monat brauchst. Crazy, oder? Wenn du also auf pflanzliche Kost umsteigst, hilfst du aktiv mit, unser Wasser zu sparen.
- **Wälder erhalten:** Für Weideflächen und den Anbau von Tierfutter werden riesige Flächen an Wäldern gerodet. Mehr vegane Vibes bedeuten also weniger Abholzung und mehr grüne Lungen für die Erde.
- **Gesund sein:** Guck nochmal beim Kapitel „Gesund leben" nach – mit pflanzenbasierter Nahrung tust du nicht nur der Umwelt, sondern auch dir etwas Gutes.

Wie fängt man an?

Hier ein paar Tipps, wie du easy starten kannst:

Informiere dich: Check mal, was Veganismus eigentlich bedeutet und welche coolen Rezepte es gibt. Auf Insta ist zum Beispiel Maya @Fitgreenmind eine tolle Inspiration.

Pflanzliche Alternativen: Heutzutage gibt es fast alles auch in vegan – von Milchalternativen wie Mandel- oder Hafermilch bis hin zu veganem Käse und Fleischersatzprodukten.

Tagebuch: Schreibe auf, wie du dich fühlst. Bist du fitter oder schlapp? Hast du Heißhungerattacken?

 Die App „PETA Veganstart" ist ein super Tool, das dich durch die ersten 30 Tage deines veganen Abenteuers führt. Sie gibt dir täglich neue Tipps, Rezepte und motivierende Infos, um dranzubleiben.

Rätsel

Stell dir vor, du gehst auf Weltreise. Du packst deinen Koffer und dann geht es auch schon gleich los. Erster Stopp ist Indien. Du befindest dich in einer großen Stadt und es ist mega viel los. Du begegnest vielen Menschen auf der Straße, die dich plötzlich mit buntem Zeugs bewerfen. Immer mehr fällt dir auf, dass die Leute um dich herum alle von oben bis unten in die buntesten Farben getaucht sind, dabei sind sie ausgelassen und fröhlich. Das fängt ja gut an, auf was für einer Party bin ich denn hier gelandet, fragst du dich.

Wie heißt dieses Fest, eines der größten und bekanntesten in ganz Indien?

11

Kulturelle Vielfalt: Eine Weltreise vom Sofa aus

D rei Geschichten, drei Gesichter, drei Länder. Lass uns einmal gemeinsam quer durch unsere Welt reisen und ein paar Besonderheiten und spannende Persönlichkeiten betrachten.

Mari Copeny, besser bekannt als „Little Miss Flint", wurde berühmt, als sie im Alter von acht Jahren einen Brief an Präsident Barack Obama schrieb. Darin lud sie ihn ein, sich selbst ein Bild von der Wasserkatastrophe in Flint, Michigan, zu machen. Ihre Stadt litt unter schweren Bleivergiftungen im Trinkwasser, was vor allem Kinder betraf. Obamas Besuch brachte die dringend benötigte nationale Aufmerksamkeit für die Krise. Seitdem hat Mari weiterhin aktiv an vielen Initiativen teilgenommen, um sauberes Wasser und soziale Gerechtigkeit für ihre Gemeinschaft zu fördern. Ihre unermüdliche Arbeit umfasst die Verteilung von Trinkwasser, die Organisation von Veranstaltungen für Kinder in Flint und das öffentliche Sprechen über die anhaltenden Herausforderungen der Stadt.

Xiuhtezcatl Martinez ist ein indigener Umweltaktivist und Jugenddirektor der Organisation Earth Guardians. Er hat seine Stimme bereits im Alter von sechs Jahren erhoben, um gegen die Zerstörung der Umwelt zu kämpfen. Xiuhtezcatl ist ein Nachfahre der Azteken und hat seine kulturellen Wurzeln genutzt, um seine Botschaften auf kraftvolle Weise zu vermitteln. Er ist bekannt für seine inspirierenden Reden und sein Engagement in Rechtsstreitigkeiten gegen die US-Regierung bezüglich deren Klimapolitik. Durch seine Musik und öffentlichen Auftritte hat er junge Menschen auf der ganzen Welt motiviert, sich für den Planeten einzusetzen.

Geboren in einem kleinen Dorf in Pakistan, begann Malala Yousafzai schon als junges Mädchen öffentlich für das Recht auf Bildung zu kämpfen, insbesondere für Mädchen in ihrer Heimat. Ihre Aktivitäten zogen die Aufmerksamkeit der Taliban auf sich, die damals in der Region große Macht ausübten. Im Jahr

2012, als sie gerade 15 Jahre alt war, wurde Malala auf dem Weg von der Schule nach Hause von Taliban-Kämpfern angeschossen. Dieser brutale Angriff löste weltweite Empörung aus und machte sie zu einem globalen Symbol für den Kampf gegen die Unterdrückung von Mädchen und Frauen. Trotz schwerer Verletzungen erholte sie sich und setzte unbeirrt ihre Arbeit fort. Für ihren Mut und ihre Entschlossenheit erhielt sie 2014, im Alter von nur 17 Jahren, den Friedensnobelpreis. Heute ist Malala eine führende Stimme in der globalen Bewegung für Bildung und Frauenrechte.

Weißt du, wo Dschibuti liegt oder wie viele Ozeane es gibt?

Die folgenden Geschichten und Traditionen aus aller Welt sind nicht nur faszinierende Belege dafür, wie kulturell vielfältig und vernetzt unsere Welt ist. Jede Kultur bringt ihre eigene Perspektive und ihre eigenen Geschichten ein, die unsere globale Gemeinschaft bereichern und farbenfroher machen.

Hast du schon mal von Dschibuti gehört? Dieses kleine Land liegt am Horn von Afrika und ist ein Schmelztiegel verschiedener Kulturen, Sprachen und Traditionen. Es grenzt an Eritrea, Äthiopien und Somalia und hat eine unglaublich reiche Geschichte, die durch die Vermischung arabischer und afrikanischer Einflüsse geprägt ist. Hier sprechen die Menschen zwei Amtssprachen, Französisch und Arabisch, und praktizieren unterschiedliche Religionen, hauptsächlich Islam und Christentum. Dieser kulturelle Reichtum zeigt sich auf farbenfrohen Märkten, bei lebhaften Festivals und in einer beeindruckenden Gastfreundschaft, die Besucher aus aller Welt willkommen heißt.

Und wusstest du, wie viele Ozeane unseren Planeten umgeben? Es sind tatsächlich fünf: der Pazifik, der Atlantik, der Indische Ozean, der Südliche Ozean und der Arktische Ozean. Jeder dieser gewaltigen Wasserkörper birgt seine eigenen ökologischen Wunder und ist Heimat vielfältiger Kulturen, die sich entlang seiner Küsten entwickelt haben. Von den ruhigen Dörfern am arktischen Eisrand bis zu den lebhaften, sonnenverwöhnten Stränden der Karibik.

Überall auf der Welt feiern Hindus, Sikhs und Jains das spektakuläre Fest Diwali, das den Sieg des Lichts über die Dunkelheit und des Guten über das Böse symbolisiert. Die Nacht des Diwali verwandelt sich in ein Meer aus Lichtern, wenn Millionen von Diyas (kleinen Öllampen) entzündet werden und prächtige Feuerwerke den Himmel erleuchten, während Familien sich versammeln, um süße Leckereien zu teilen und Geschichten zu erzählen.

Ein weiteres Beispiel für die Verbindung von Musik und Kultur findet sich im Salsa, der ursprünglich aus der Karibik stammt. Dieser energiegeladene Tanz und Musikstil hat Elemente aus afrikanischen, europäischen und karibischen Traditionen aufgenommen und ist heute ein fester Bestandteil der Tanzszenen rund um den Globus. Die rhythmischen Bewegungen und leidenschaftlichen Melodien des Salsa bringen Menschen unterschiedlichster Herkunft zusammen und feiern die universelle Sprache der Musik.

Schließlich gibt es noch die japanische Küche, die weit mehr zu bieten hat als das oft zitierte Sushi. Kennst du Ramen? Diese beliebte Nudelsuppe, die ursprünglich aus China stammt, wurde von den Japanern übernommen und zu einem Grundnahrungsmittel ihrer nationalen Küche weiterentwickelt. In den unzähligen Ramen-Läden Japans, von Hokkaido bis Kyushu, findet man eine beeindruckende Vielfalt an Variationen, die sich in Brühe, Nudelart und Beilagen unterscheiden, jede mit eigener regionaler Note und Geschichte.

Eine Entdeckungsreise durch die Weltkulturen

Bist du bereit für eine Entdeckungsreise durch die faszinierenden Kulturen unserer Welt? Schnall dich an, denn wir starten eine virtuelle Tour, die uns von den dampfenden Straßen Bangkoks bis zu den eisigen Landschaften Grönlands führt. Auf dieser Reise entdecken wir nicht nur ungewöhnliche Bräuche und Traditionen, sondern auch die tiefen Verbindungen, die Menschen weltweit mit ihrer Kultur haben.

Thailand: Das Land des Lächelns

Unsere erste Station ist Thailand, bekannt für seine wunderschönen Inseln, lebhafte Märkte und natürlich das weltberühmte thailändische Essen. Hast du schon einmal von Loy Krathong gehört? Dieses Lichterfest ist magisch. Jedes Jahr lassen die Thailänder Tausende von kleinen, handgefertigten Lotosblumen-Laternen auf den Gewässern des Landes schwimmen, um den Flussgöttinnen zu danken und um Vergebung für die vergangenen Sünden zu bitten. Die fließenden Gewässer, erleuchtet von unzähligen Lichtern, bieten ein spektakuläres Bild, das die Verbundenheit der Thailänder mit Wasser und Natur zeigt.

Indien: Ein Fest der Farben

Weiter geht es nach Indien, wo das Holi-Fest den Beginn des Frühlings markiert. Während dieses „Festes der Farben" werfen Menschen bunte Pulver und gefärbtes Wasser aufeinander, singen und tanzen auf den Straßen. Das Fest symbolisiert den Sieg des Guten über das Böse, den Beginn des Frühlings und eine Zeit, um Konflikte zu vergessen und neue Beziehungen zu knüpfen.

Norwegen: Im Land der Mitternachtssonne

Von der bunten Hektik Indiens führt uns unsere Reise in die ruhigen und majestätischen Landschaften Norwegens. Hier, im Land der Mitternachtssonne, wo die Sonne im Sommer nie untergeht, haben die Menschen eine tiefe Verbindung zur Natur. Die traditionellen Sami, die Ureinwohner des arktischen Norwegens, zeigen uns, wie sie mit ihren Rentierherden über die kargen Hochebenen ziehen – ein Lebensstil, der sich über Jahrtausende kaum verändert hat und von tiefem Respekt für die Umwelt geprägt ist.

Brasilien: Der Rhythmus des Sambas

Unser nächstes Ziel ist Brasilien, das Land des Karnevals, wo Musik und Tanz das Lebensgefühl definieren. Der Karneval in Rio, eine explosive Feier voller Leben, Farbe und Musik, bringt die ganze Stadt zusammen. Samba-Schulen bereiten sich monatelang vor, um in spektakulären Paraden ihr Können und ihre Kreativität zur Schau zu stellen. Der Karneval ist ein perfektes Beispiel dafür, wie die Brasilianer ihre Geschichte und ihre kulturellen Identitäten durch Tanz und Musik ausdrücken und feiern.

Japan: Die Kunst der Stille

Zum Abschluss unserer Weltreise besuchen wir Japan, wo die Teezeremonie, eine jahrhundertealte Tradition, Ruhe und Respekt zelebriert. In der ruhigen Atmosphäre eines traditionellen Teehauses wird der Tee mit präzisen und bedachten Bewegungen zubereitet und serviert. Diese Zeremonie ist nicht nur eine Kunstform, sondern auch eine Übung in Achtsamkeit und Gastfreundschaft, die tief in der japanischen Kultur verwurzelt ist.

Grönland: Ein Land aus Eis und Feuer

Weiter geht es nach Grönland, einem faszinierenden Land aus Eis und Feuer, wo die Natur eine unerschöpfliche Quelle der Inspiration und des Staunens ist. Besonders beeindruckend ist das jährliche Ilulissat-Eisfjord-Festival, das die Schönheit und die Kraft der arktischen Landschaft zelebriert. Während des Festivals tauchen die Menschen in die Magie der Polarlichter ein, nehmen an traditionellen Inuit-Spielen teil und genießen die lokalen Spezialitäten.

Jede dieser Stationen zeigt uns, wie tief Kultur in das tägliche Leben der Menschen eingewebt ist und wie sie von Generation zu Generation weitergegeben wird. Durch diese Reise haben wir erfahren, dass die Welt ein Mosaik aus unterschiedlichen Kulturen ist, jedes Stück einzigartig und wertvoll.

Quiz: Entdecke die Besonderheiten unserer Welt

Dieses Quiz geht quer durch alle Kontinente und pickt sich ein paar spannende Aspekte heraus:

Frage 1: Welches Land wird oft als „Schmelztiegel der Kulturen" bezeichnet, weil es eine sehr diverse Bevölkerung hat?

A) Japan
B) Brasilien
C) USA
D) Schweden

Frage 2: In welchem Land findet das farbenfrohe Festival „Holi" statt, bei dem die Menschen bunte Pulver aufeinander werfen?

A) Thailand
B) Indien
C) Mexiko
D) Italien

Frage 3: Welches Musikinstrument ist typisch für die traditionelle Musik Irlands?

A) Bodhrán
B) Sitar
C) Balalaika
D) Didgeridoo

Frage 4: Wie nennt man das traditionelle, gewebte Kleidungsstück, das in Schottland getragen wird?

A) Kimono
B) Sarong
C) Kilt
D) Poncho

Frage 5: Welche Sprache hat die meisten Muttersprachler weltweit?

A) Englisch
B) Mandarin
C) Spanisch
D) Arabisch

Frage 6: In welchem Land ist es Tradition, bei einem Besuch Schuhe auszuziehen, bevor man ein Haus betritt?

A) Australien
B) USA
C) England
D) Japan

Frage 7: Welches bekannte Gebäude ist ein Symbol der Liebe und wurde von einem Kaiser zu Ehren seiner verstorbenen Frau erbaut?

A) Burj Khalifa
B) Eiffelturm
C) Taj Mahal
D) Big Ben

Frage 8: Welches Land ist berühmt für seine traditionelle Tango-Musik und -Tänze?

A) Argentinien
B) Portugal
C) Italien
D) Frankreich

Frage 9: In welchem Land findet jährlich der Karneval von Rio statt, einer der größten und farbenprächtigsten der Welt?

A) Spanien
B) Brasilien
C) USA
D) Italien

Frage 10: Welche Küche ist bekannt für ihre Verwendung von Gewürzen und bietet Gerichte wie Curry und Masala?

A) Mexikanische
B) Thailändische
C) Italienische
D) Indische

Richtige Antworten:

1: C), 2: B), 3: A), 4: C), 5: B), 6: D), 7: C), 8: A), 9: B), 10: D)

Projekt: Internationale Küche

Hast du Lust, deine Familie und Freunde mit einem spannenden kulinarischen Erlebnis zu überraschen? Wie wäre es, wenn du sie auf eine kleine Weltreise mitnimmst, ohne das Haus verlassen zu müssen?

1. Beginne damit, ein Land auszuwählen, das dich besonders interessiert. Vielleicht hast du eine besondere Verbindung zu diesem Land, hast eine Geschichte darüber gehört oder findest die Landschaft und Kultur faszinierend.
2. Nutze das Internet, um ein einfaches und traditionelles Rezept aus diesem Land zu finden. Achte darauf, dass das Rezept nicht zu kompliziert ist und dass du die meisten Zutaten im Supermarkt oder zu Hause finden kannst. Webseiten wie chefkoch.de oder eat-this.org und viele Food-Influencer wie beispielsweise die Maya von fitgreenmind bieten eine riesige Auswahl an Rezepten aus der ganzen Welt.

3. Schreibe alle benötigten Zutaten auf eine Einkaufsliste. Überprüfe zuerst, was du bereits zu Hause hast, und kaufe dann die restlichen Zutaten ein.

4. Nun geht es ans Kochen! Folge den Anweisungen des Rezepts. Vielleicht kannst du auch ein bisschen Musik aus dem Land abspielen, um die Atmosphäre zu untermalen und ganz in die Kultur einzutauchen.

5. Richte das Gericht schön an und serviere es deiner Familie und Freunden. Du könntest ihnen auch ein paar interessante Fakten über das Gericht und das Land erzählen, um das Essen noch spannender zu machen.

 Tipp: Du kannst auch gemeinsam mit deinen Freunden oder deiner Familie „Das perfekte Dinner" nachspielen, bei dem jeder etwas zum Essen beisteuern kann. Besonders interessant wird es, wenn ihr Karten mit Ländern, Gängen und Farben zieht. Wenn du beispielsweise Indien, Hauptspeise und Gelb bekommst, liegt das Kochen eines Currys nahe.

Rätsel

Welches Tier hat ein Herz, das so groß wie ein Auto ist? Sind Snackautomaten gefährlicher als Haie? Und hast du schon mal ein Tier gesehen, das würfelförmig kackt?

12

Bonus: Lustige Fakten und unnützes Wissen, um andere zum Staunen zu bringen

M it diesen kuriosen Fakten kannst du definitiv bei deinen Gesprächen punkten und bei der nächsten Gelegenheit ein paar Augenbrauen heben. Hier ist eine Sammlung von kuriosen Wissenshäppchen, die perfekt sind, um für Staunen zu sorgen:

- Bananen sind Beeren, aber Erdbeeren nicht.
  In der Botanik werden Bananen tatsächlich als Beeren klassifiziert, während Erdbeeren wegen ihrer Samenstruktur als „Scheinfrüchte" gelten. Verwirrend, nicht wahr?

- Der Eiffelturm kann bis zu 15 Zentimeter im Sommer wachsen.
  Durch die Ausdehnung des Metalls bei hohen Temperaturen kann der Eiffelturm tatsächlich ein wenig „wachsen". Keine Sorge, im Winter schrumpft er wieder!

- Ein Oktopus hat drei Herzen.
  Zwei Herzen pumpen Blut zu den Kiemen, während das dritte das Blut zum Rest des Körpers pumpt. Außerdem wird ihr Blut blau, wenn es Sauerstoff bindet.

- Snackautomaten sind gefährlicher als Haie.
  Statistisch gesehen sterben jedes Jahr mehr Menschen durch umfallende Snackautomaten als durch Haiangriffe. Ein Grund mehr, beim Naschen vorsichtig zu sein!

- Die längste Zeit zwischen der Geburt zweier Zwillinge beträgt 87 Tage.
  Die beiden Zwillinge wurden tatsächlich fast drei Monate auseinander geboren, was sehr ungewöhnlich ist, da Zwillinge normalerweise innerhalb weniger Minuten oder Stunden zur Welt kommen.

- Wombat-Kot ist würfelförmig.
  Ja, das stimmt! Wombats produzieren würfelförmigen Kot, der nicht wegrollt und ihnen hilft, ihr Territorium zu markieren.

- Die Ringelblume kann Strom leiten.
  Forscher haben herausgefunden, dass der Stiel der Ringelblume genug Strom leiten kann, um eine kleine LED-Lampe zum Leuchten zu bringen.

- Es gibt eine offizielle Weltmeisterschaft im Bürostuhlrennen.
  In Deutschland gibt es tatsächlich eine jährliche Meisterschaft, bei der Teilnehmer in Bürostühlen Rennen fahren.

- Der längste Ortsname auf der Welt besteht aus 85 Buchstaben.
  Er lautet: Taumatawhakatangihangakoauauotamateaturipukakapikimaungahoronukupokaiwhenuakitanatahu, ein Hügel in Neuseeland.

- In der Schweiz ist es illegal, nur einen Goldfisch zu besitzen.
  Das Gesetz fordert, dass Goldfische mindestens zu zweit gehalten werden müssen, um Einsamkeit zu vermeiden.

- Es gibt einen Sport namens „Extrembügeln".
  Teilnehmer nehmen Bügelbretter an ungewöhnliche Orte wie Berge oder unter Wasser und bügeln Kleidung.

- Flamingos können nur fressen, wenn ihr Kopf kopfüber ist.
  Das ist notwendig, weil ihr Schnabel speziell angepasst ist, um beim Fressen umgedreht zu werden.

- In Frankreich gibt es eine Stadt namens Y.
  Ja, der Name der Stadt besteht nur aus diesem einen Buchstaben und ist einer der kürzesten Stadtnamen der Welt.

- Die meisten Disney-Charaktere tragen Handschuhe, um die Animation einfacher zu machen.
  Das Tragen von Handschuhen erleichterte es den Animatoren in den frühen Tagen des Zeichentrickfilms, Hände klarer und sichtbarer zu gestalten.

- Die Luft auf der Erde besteht zu etwa 78 % aus Stickstoff.
  Obwohl Sauerstoff für das menschliche Leben entscheidend ist, besteht der größte Teil der Luft, die wir atmen, aus Stickstoff.

- Das Herz eines Blauwals ist so groß wie ein kleines Auto.
  Das größte Tier der Erde hat nämlich auch das größte Herz: Es kann bis zu 450 kg wiegen.

- Ein Tag auf der Venus ist länger als ein Jahr auf der Venus.
  Die Venus rotiert sehr langsam um ihre Achse, sodass ein einziger Tag länger dauert, als es für den Planeten dauert, die Sonne einmal zu umrunden.

13. Glossar

Antike: Zeit der alten Griechen und Römer.

Aquädukte: Römische Wasserleitungen für Städte.

Bias (Voreingenommenheit): Eine Vorliebe, die die Sicht auf Infos verzerrt.

Blockchain: Eine Technologie, die eine sichere, dezentrale Aufzeichnung von Transaktionen ermöglicht und häufig mit Kryptowährungen in Verbindung gebracht wird.

Boykott: Eine organisierte Weigerung, Sachen zu kaufen oder zu verwenden, um Druck auf politische, ökonomische oder soziale Systeme auszuüben.

Choräle: Kirchenmusik im Mittelalter, oft in Klöstern gesungen.

Diwali: Ein hinduistisches Fest, bekannt als das Fest der Lichter, symbolisiert den Sieg des Lichts über die Dunkelheit, des Guten über das Böse.

DAX: Der Deutsche Aktienindex, der die 40 größten und umsatzstärksten Unternehmen an der Frankfurter Börse repräsentiert.

DNA: Die Abkürzung für Desoxyribonukleinsäure, ein Molekül, das die genetischen Erbinfos beinhaltet, also den Bauplan.

Echo Chamber: Eine Bezeichnung für deine Bubble, in der du nur die gleichen Meinungen hörst und dadurch denkst, alle denken so wie du.

Fake News: Falschmeldungen; Informationen, die bewusst falsch dargestellt oder erfunden werden, um Menschen zu täuschen.

Feinde des Volkes: Ein schwerwiegender Vorwurf, oft politisch motiviert, der darauf abzielt, bestimmte Gruppen als Bedrohung für die Gesellschaft oder den Staat darzustellen.

Fresko: Maltechnik, bei der Wasserfarben auf frischen, feuchten Putz aufgetragen werden.

GIFs: Kurze, sich wiederholende animierte Bilder, die oft im Internet verwendet werden, um Emotionen oder Reaktionen auszudrücken.

Hieroglyphen: Alte ägyptische Schriftzeichen.

Impressionismus: Kunststil mit hellen, stimmungsvollen Bildern.

Kathakali: Eine klassische indische Tanzform, die Drama und Tanz kombiniert.

Kilt: Schottenrock, den nur Männer tragen.

Loy Krathong: Ein thailändisches Festival, bei dem Teilnehmer Laternen auf Wasser setzen, symbolisch für das Davonschwimmen von Sünden und Problemen.

Mitternachtssonne: Ein Naturphänomen in den Polarregionen, bei dem die Sonne im Sommer nie untergeht.

Natya Shastra: Altes indisches Buch über Tanzkunst.

NFTs (Non-Fungible Tokens): Digitale Zertifikate, die einzigartige Besitzansprüche auf digitale oder physische Objekte darstellen und mithilfe der Blockchain-Technologie gesichert sind.

Phytonzide: Parfüm der Bäume, das auf Menschen stressabbauend wirkt.

Quantenmechanik: Physik auf winziger Teilchenebene.

Smart Home: Ein Zuhause, das mit technologischen Geräten ausgestattet ist, die automatisiert sind und ferngesteuert werden können, um Effizienz und Komfort zu verbessern.

Soziale Schichten: Unterschiedliche Gruppen innerhalb einer Gesellschaft, die oft durch ihren sozialen Status, ihren Reichtum, ihre Bildung und andere Ressourcen unterschieden werden.

Soziologen: Wissenschaftler, die das soziale Verhalten, die Entwicklung von Gesellschaften, deren Strukturen und Funktionen studieren.

Stickstoff: Ein chemisches Element, das etwa 78 % der Erdatmosphäre ausmacht.

Urzeit: Bezieht sich auf die sehr frühe Geschichte der Menschheit, insbesondere die Zeit vor der Entwicklung schriftlicher Aufzeichnungen.

14. Quellen

16personalities.com. URL: https://www.16personalities.com/de

7Mind Magazin – Entspannungsrituale für den Herbst: Achtsamkeit im Fokus. URL: https://www.7mind.de/magazin/entspannungsrituale-herbst-achtsamkeit

Abi.unicum.de – Literaturepochen. URL: https://abi.unicum.de/literaturepochen#:~:text=In%20der%20Literatur%20gibt%20es,Neue%20Sachlichkeit%2C%20Exiliteratur%2C%20Tr%C3%BCmmerliteratur%2C

Abi.unicum.de – Mathe im Abi. URL: https://abi.unicum.de/mathe-im-abi/mathe-lernen

Ad Vitam Academy – DISG Persönlichkeitstypen: Stärken und Team. URL: https://advitago.academy/kommunikationstypen-nach-satir/

Ahd.de – Was ist eine Blockchain? Die Erklärung für Einsteiger. URL: https://www.ahd.de/was-ist-eine-blockchain-die-erklaerung-fuer-einsteiger/

Alexandra Wagner – Nachhaltigkeit einfach erklärt für Kinder: Tipps und Ideen. URL: https://alexandra-wagner.de/nachhaltigkeit-einfach-erklaert-fuer-kinder/

Ardalpha.de – 6 literarische Epochen. URL: https://www.ardalpha.de/lernen/alpha-lernen/faecher/deutsch/6-literarische-epochen-literatur100.html

ARDalpha.de – Meilensteine der Naturwissenschaft und Technik. URL: https://www.ardalpha.de/lernen/schulfernsehen/info/faecher/meilensteine-der-naturwissenschaft-und-technik-112.html

Automation-next.com – Die größten Erfindungen der Menschheit. URL: https://www.automation-next.com/antriebstechnik-mechanik/die-groessten-erfindungen-der-menschheit-974.html

Babble for Business – Top 4 Kommunikationsstile: Definition und Anwendung. URL: https://www.babbelforbusiness.com/de/blog/top-4-kommunikationsstile/

Bayerischer Rundfunk (BR) – So geht Medien: UN-Wahrheiten: Lügen erkennen. URL: https://www.br.de/sogehtmedien/weiterfuehrende-schulen/un-wahrheiten-luegen-erkennen-fakes-fake-news-100.html

Bayerisches Staatsministerium für Unterricht und Kultus – Distanzunterricht: Tipps für Entspannungsrituale. URL: https://www.distanzunterricht.bayern.de/lehrkraefte/strukturen-schaffen/tipps-fuer-entspannungsrituale/

Beall, Abigail; Challoner, Jack, et al.: DK Wissen. Natur & Technik: Naturwissenschaften in spektakulären Bildern. 26. August 2019.

Becker, Felix: Unnützes Wissen für Teenager: Jugendbuch als Geschenk für Teenager Mädchen & Jungen. 25. August 2023.

Bildungsserver.de – Künstliche Intelligenz in der Schule. URL: https://www.bildungsserver.de/kuenstliche-intelligenz-in-der-schule-12990-de.html

Blog.zeit.de – Geschichte. URL: https://blog.zeit.de/schueler/geschichte/

Boev, Pavel; Jufa, Ilinca, et al.: Masken aus aller Welt und ihre Geschichte. 4. Oktober 2022.

Bpb.de – Künstliche Intelligenz in der Schule. URL: https://www.bpb.de/shop/zeitschriften/apuz/kuenstliche-intelligenz-2023/541500/ki-in-der-schule/

Buchverlagkempen.de – Die Erfindung des Buchdrucks. URL: https://www.buchverlagkempen.de/detailview?no=DLK411#:~:text=Aus%20dem%20Inhalt%3A,Die%20Erfindung%20des%20Buchdrucks%20 …

Bullen, Sonja; Schüler, Charlotte, et al.: Die drei !!!, Volle Power für die Umwelt: Mit Nachhaltigkeits-Tipps von @charlotteschueler. 19. Februar 2024.

Bundeszentrale für politische Bildung (bpb) – Bullen und Bären. URL: https://www.bpb.de/kurz-knapp/lexika/lexikon-der-wirtschaft/18957/bulle-und-baer/

Bundeszentrale für politische Bildung (bpb) – Gesellschaft. URL: https://www.bpb.de/kurz-knapp/lexika/politiklexikon/17556/gesellschaft/

Business Insider – Studie über Klischees: Typisch Deutsch. URL: https://www.businessinsider.de/panorama/typisch-deutsch-15-dinge-die-deutsche-anders-machen-2018-1/

Butterfield, Moira; Lynas, Harriet, et al.: Wir Kinder der Welt: So unterschiedlich leben wir! 24. Februar 2021.

College Contact – Kulturelle Besonderheiten in den USA: Tipps und Ratschläge. URL: https://www.college-contact.com/usa/kulturelle-besonderheiten

Confetticampus.de – Lernstrategien im Überblick. URL: https://confetticampus.de/lerntipps/besser-lernen/lernstrategien-uebersicht/

Coverage.co.at – Geschichte der Musik. URL: https://www.coverage.co.at/geschichte-der-musik/

Das Gehirn Infoportal – Reden ohne Worte: Die Macht der Mimik und Körpersprache. URL: https://www.dasgehirn.info/handeln/mimik-koerpersprache/reden-ohne-worte

Demokratiewebstatt.at – Was sind Staatsformen? URL: https://
www.demokratiewebstatt.at/wissen/staats-und-regierungsformen/
was-sind-staatsformen

Deutsch-perfekt.com – Deutsch von A bis Z. URL: https://www.
deutsch-perfekt.com/deutsch-lesen/deutsch-von-bis-z

Deutschland ist Vegan – The Game Changers: Film über pflanzliche
Ernährung. URL: https://www.deutschlandistvegan.de/the-game-changers/

Deutschland.de – Deutsche Geschichte bis 1945. URL: https://www.
deutschland.de/de/deutsche-geschichte-bis-1945

Digitalzentrum-augsburg.de – Künstliche Intelligenz einfach
erklärt. URL: https://digitalzentrum-augsburg.de/kuenstliche-
intelligenz-einfach-erklaert/#:~:text=K%C3%BCnstliche%20
Intelligenz%20(KI%2C%20engl.,strategisches%20Denken%20oder%20
sprachliche%20F%C3%A4higkeiten.

Dilab Blog – Die Macht des Bearbeitens: Bildmanipulationen in den
Medien. URL: https://blog.dilab.uni-passau.de/unterrichtsbausteine/
die-macht-des-bearbeitens-bildmanipulationen-in-den-medien/

DK Verlag – Kids; Hofmann, Karin, et al.: Wissen für clevere Kids:
Der Bestseller komplett aktualisiert! Lexikon mit über 2500 farbigen
Abbildungen. 29. Januar 2024.

DK Verlag – Kids; Wagler, Christiane (Übersetzer): Das ist Kunst! Alles
über berühmte Gemälde und Skulpturen: Eine spannende Einführung in die
Bildende Kunst mit über 1000 Fotos und Abbildungen. 28. Januar 2024.

DK Verlag – Kids; Wagler, Christiane: Das ist Musik!: Von Klassik bis
Hip-Hop. Eine umfassende und unterhaltsame Einführung in die Musik mit
über 1000 farbigen Fotos. 29. Januar 2024.

DK Verlag: Alles ist Chemie!: Die chemischen Elemente und wie wir sie
nutzen. 26. September 2017.

Dpma.de – Erfindungen mit Geschichten. URL: https://www.dpma.de/
dpma/veroeffentlichungen/meilensteine/erfindungenmitgeschichten/index.
html

Duda.news – Theater: Entstehung und Ursprung. URL: https://www.
duda.news/wissen/theater-entstehung-ursprung/

Engel, Reinhard: So funktioniert Wirtschaft – Ein Sachbuch für
Jugendliche. Leykam Verlag. 22. September 2016.

Feibel, Thomas: NetzKrimi: Cybermobbing (Bd. 1): Hilda & Hulda
lösen jeden Fall! (Mitratekrimis für Medienkompetenz und Konzentration).
14. September 2021.

Ferrie, Chris; Tomamichel, Marco: Blockchain for Babies: 0 (Baby University). Englische Ausgabe. 1. Februar 2019.

Footprintcalculator.org. URL: https://www.footprintcalculator.org/home/en

Forbes Advisor – Bullenmarkt und Bärenmarkt: Unterschiede und Strategien. URL: https://www.forbes.com/advisor/de/geldanlage/bullen-baerenmarkt-unterschied/

Gabler Wirtschaftslexikon – Gesellschaft. URL: https://wirtschaftslexikon.gabler.de/definition/gesellschaft-35084

Gabler Wirtschaftslexikon – Wirtschaft. URL: https://wirtschaftslexikon.gabler.de/definition/wirtschaft-54080

Geo.de – Die 100 wichtigsten Erfindungen: Die Favoriten der Redaktion. URL: https://www.geo.de/magazine/geo-kompakt/6545-rtkl-die-100-wichtigsten-erfindungen-die-favoriten-der-redaktion

Geo.de – Welcher Lerntyp bist du? URL: https://www.geo.de/geolino/mensch/5849-rtkl-lernen-welcher-lerntyp-bist-du

GEOlino – Demokratie für Kinder erklärt. URL: https://www.geo.de/geolino/wissen/demokratie-fuer-kinder-erklaert-30737840.html

Gira.de – Was ist ein Smart Home? URL: https://www.gira.de/g-pulse-magazin/smartes-zuhause/was-ist-ein-smart-home

Greenpeace – Klimaschutz im Alltag: 10 Tipps für Familien. URL: https://www.greenpeace.de/klimaschutz/klimakrise/10-tipps-klimaschutz-alltag

Groh, Kyra: „Mein Leben als lexikalische Lücke". Zürich: Arctis Verlag. 18. März 2021.

Hagelüken, Alexander: Wirtschaft für Kids: Eine etwas andere Einführung in die Ökonomie. [Datum nicht angegeben].

HANISAUland – Großes Lexikon: Globalisierung. URL: https://www.hanisauland.de/wissen/lexikon/grosses-lexikon/g/globalisierung.html

Hanisauland – Nachhaltigkeit: Definition und Beispiele. URL: https://hanisauland.de/wissen/lexikon/grosses-lexikon/n/nachhaltigkeit.html

Hanisauland – Weltkulturerbe: Bedeutung und Erhaltung. URL: https://hanisauland.de/wissen/lexikon/grosses-lexikon/w/weltkulturerbe.html

Hanisauland.de – Großes Lexikon: Gesellschaft. URL: https://www.hanisauland.de/wissen/lexikon/grosses-lexikon/g/gesellschaft.html

Hanisauland.de – Großes Lexikon: Herrschaftsform. URL: https://www.hanisauland.de/wissen/lexikon/grosses-lexikon/h/herrschaftsform.html

Hanisauland.de – Großes Lexikon: Politik. URL: https://www.hanisauland.de/wissen/lexikon/grosses-lexikon/p/politik.html

Hanisauland.de – Großes Lexikon: Wirtschaft. URL: https://www.hanisauland.de/wissen/lexikon/grosses-lexikon/w/wirtschaft.html

Hawking, Lucy; Hawking, Stephen, et al.: Der geheime Schlüssel zum Universum: Mit Infokästen über die wichtigsten astronomischen Begriffe, atemberaubenden Fotos und zahlreichen ... „Universum"-Reihe (Kinderbücher), Band 1. 13. September 2010.

Helles Köpfchen – Kulturelle Vielfalt: Bedeutung und Auswirkungen. URL: https://www.helles-koepfchen.de/?suche=kulturelle

Helles Köpfchen – Lexikon: Globalisierung. URL: https://www.helles-koepfchen.de/lexikon/globalisierung/

Helles-koepfchen.de – Gesellschaft. URL: https://www.helles-koepfchen.de/artikel/3349.html

Hensler, Carolin: Naturforscher Unsere Umwelt: Zum Mitmachen und Ausfüllen. 24. März 2020.

Hull, Sarah: Ist das Kunst? 18. März 2021.

IFLW.de – Welche Lerntypen gibt es? URL: https://www.iflw.de/blog/lernen/welche-lerntypen-gibt-es/

Ilg, Joyce; Halb12, Chris: Hätte ich das mal früher gewusst!: Was man wirklich im Leben braucht, aber in der Schule nicht lernt. 19. November 2019.

Innowi.de – Kinder-Erfinder: Jugend forscht 2024 in Bremen. URL: https://innowi.de/2024/01/22/kinder-erfinder-jugendforscht-2024-bremen/

Insights.gostudent.org – Epochen der Geschichte Zeitstrahl. URL: https://insights.gostudent.org/epochen-der-geschichte-zeitstrahl

IONOS Digital Guide – Was steckt hinter Clickbaiting? URL: https://www.ionos.de/digitalguide/online-marketing/verkaufen-im-internet/was-steckt-hinter-clickbaiting/

IQesonline.net – Lernstrategien. URL: https://www.iqesonline.net/lernen/lernen-lernen/lernstrategien/

Jugendbudget.ch – Wirtschaft: Die Ökonomie leicht erklärt. URL: https://www.jugendbudget.ch/de/wirtschaft-die-oekonomie-leicht-erklaert/

Jungbauer, Fridolin: Der verrückte Pubertäts-Reiseführer für Jungs! 100 Hacks für eine entspannte Reise durch die Teenagerzeit. Körperliche Veränderungen, Freundschaften, ... Medien und mehr. Aufklärungsbuch für Jungs. 16. November 2023.

Karrierebibel – Kurioses Wissen: Unnützes und skurriles Wissen aus verschiedenen Bereichen. URL: https://karrierebibel.de/unnutzes-wissen/

Kaspersky.de – What is IoT? URL: https://www.kaspersky.de/resource-center/definitions/what-is-iot

Katholisches Medienzentrum – Manipulation von Bildern. URL: https://medienkompetenz.katholisch.de/manipulation-von-bildern/

Kettl-Römer, Barbara; Natusch, Cordula: Niemals pleite! Alles über die ersten eigenen Finanzen. Finanzbuch Verlag. 7. November 2016.

Kienle, Dela; Hellmeier, Horst: Dein bester Freund? Bist du!: Ein Mitmachbuch, das stark und glücklich macht! 1. Februar 2021.

Kinder Helfen Kindern – Vielfalt der Kulturen: Einblicke und Informationen. URL: https://kinder-helfen-kindern.org/wp-content/uploads/2018/09/Vielfalt-der-Kulturen.pdf

Kindersache.de – Erfindungen von Kindern. URL: https://www.kindersache.de/bereiche/wissen/natur-und-mensch/erfindungen-von-kindern

Klexikon – Gesellschaft. URL: https://klexikon.zum.de/wiki/Gesellschaft

Klexikon – Nachhaltigkeit: Bedeutung und Umsetzung. URL: https://klexikon.zum.de/wiki/Nachhaltigkeit

Klexikon – Ökosystem: Definition und Beispiele. URL: https://klexikon.zum.de/wiki/%C3%96kosystem

Klexikon – Politik. URL: https://klexikon.zum.de/wiki/Politik

Klexikon – Republik. URL: https://klexikon.zum.de/wiki/Republik

Klexikon – Staat. URL: https://klexikon.zum.de/wiki/Staat

Klexikon – Wirtschaft. URL: https://klexikon.zum.de/wiki/Wirtschaft

Klug, Marvin: Unnützes Wissen für Teenager – Über 400 interessante & lustige Fakten zum Staunen und Angeben! 1. Februar 2023.

Knödler, Christine; Knödler, Benjamin: Young Rebels – 25 Jugendliche, die die Welt verändern. München: Hanser, 2020.

Kontaktco – Kommunikationstypen nach Satir: Modelle und Erklärungen. URL: https://kontaktco.at/shop/pdf/110-50.pdf

Krypto-magazin.de – Blockchain einfach erklärt: Eine Anleitung für Kinder. URL: https://www.krypto-magazin.de/blockchain-einfach-erklaert-eine-anleitung-fuer-kinder/#:~:text=Was%20ist%20eine%20Blockchain%3F,zu%20%C3%BCberpr%C3%BCfen%20und%20sicher%20aufzubewahren.

Kunstkopie.de – Kunststile. URL: https://www.kunstkopie.de/a/kunststil.html

Landesmedienzentrum Baden-Württemberg (LMZ) – Wie kann man Fake News erkennen? URL: https://www.lmz-bw.de/medienbildung/themen-von-f-bis-z/hatespeech-und-fake-news/fake-news/wie-kann-man-fake-news-erkennen

Laurence, Tiana: Blockchain für Dummies. Weinheim: Wiley-VCH Verlag GmbH. 11. September 2019.

Learninginstitute.ch – Lerntipps für Mathematik. URL: https://www.learninginstitute.ch/wissen/lerntipps-fuer-mathematik

Lehrerweb Wien – Idee: Die Macht der Bilder. URL: http://lehrerweb.wien/praxis/praxis-ideen/idea/84?cHash=8b1b199493fceb8eb667a06ae3b77550

Lernhelfer.de – Entwicklung der deutschen Sprache. URL: https://www.lernhelfer.de/schuelerlexikon/deutsch-abitur/artikel/entwicklung-der-deutschen-sprache

Lernhelfer.de – Frühe Neuzeit: Ein Überblick. URL: https://www.lernhelfer.de/schuelerlexikon/geschichte/artikel/fruehe-neuzeit-ein-ueberblick

Lernquadrat.at – Mathe lernen und verstehen. URL: https://www.lernquadrat.at/lerntipps/mathe-lernen-und-verstehen/

Levenson, Eleanor (Autor); Boston, Paul (Illustrator); Meinass, Britta (Übersetzer): Politik: 100 Begriffe aus Politik und Gesellschaft in 100 Wörtern erklärt. 25. Februar 2021.

Loos, Lea: „Widerstand ist zwecklos. Ein Comic über gewaltlosen Widerstand". Berlin: avant-Verlag. 1. August 2021.

Lucky7even.de – Filmgeschichte von 1888 bis heute. URL: https://www.lucky7even.de/news/filmgeschichte-von-1888-bis-heute/2900/

Magazin-schule.de – Die besten Lerntipps für Mathe. URL: https://www.magazin-schule.de/magazin/die-besten-lerntipps-fuer-mathe/

Magazin.sofatutor.com – Die besten Lernstrategien für die Schule. URL: https://magazin.sofatutor.com/schueler/die-besten-lernstrategien-schule/

Math.uni-magdeburg.de – Mathematik. URL: https://www.math.uni-magdeburg.de/~thein/teaching/analysis1/mathematik.pdf

MDR – Nachrichten aus Sachsen-Anhalt: Clickbaiting und Medienkompetenz im Schulfach. URL: https://www.mdr.de/nachrichten/sachsen-anhalt/magdeburg/clickbaiting-fake-news-medienkompetenz-schulfach-interview-100.html

Mighty Travelers – Typisch Deutsch: Deutschland. URL: https://www.mightytraveliers.com/typisch-deutsch-deutschland/

Ministerium für Wissenschaft, Weiterbildung und Kultur Rheinland-Pfalz – Wie funktioniert die Wirtschaft? Arbeitsheft 1. URL: https://mwvlw.rlp.de/fileadmin/08/Broschueren/Wie_funktioniert_die_Wirtschaft_2018_Arbeitsheft1.pdf

Mobile-university.de – Lerntipps: Lerntypen. URL: https://www.mobile-university.de/fernstudium/lerntipps/lerntypen/

ModusX Magazin – The Game Changers: Film über pflanzliche Ernährung. URL: https://modusx.de/magazin/the-game-changers-film/

Monster Karriereberatung – Körpersprache im Beruf: Bedeutung und Tipps. URL: https://www.monster.de/karriereberatung/artikel/koerpersprache

Moore, Gareth; Hodge, Susie: DAS KUNST-RÄTSEL-BUCH: Rätsel-Reise durch die Geschichte der Kunst. 15. Februar 2020.

Moore, Gareth: Das Wissenschafts-Rätselbuch – Über 100 Rätsel aus dem Pop-Science-Labor: Wissenschaft, Technik und Medizin spielerisch vermittelt – Für Freizeit oder Schule. 9. August 2023.

Morethandigital.info – 25 Technologie-Megatrends und Zukunftsprognosen: Technik, die unsere Zukunft prägt. URL: https://morethandigital.info/25-technologie-megatrends-und-zukunftsprognosen-technik-die-unsere-zukunft-praegt/

Msa-berlin.de – Wozu braucht man Mathe? URL: https://www.msa-berlin.de/mathe/wozu-braucht-man-mathe/

MSD Manuals – Einführung in den Körper des Menschen. URL: https://www.msdmanuals.com/de/heim/grundlagen/der-k%C3%B6rper-des-menschen

Musiknerd.org – Musikgeschichte. URL: https://musiknerd.org/musikgeschichte/

Nationalgeographic.de – 6 Erfindungen von Frauen, die die Welt veränderten. URL: https://www.nationalgeographic.de/geschichte-und-kultur/2018/03/6-erfindungen-von-frauen

Naturdetektive – Biodiversität: Vielfalt der Ökosysteme. URL: https://naturdetektive.bfn.de/lexikon/zum-lesen/biologische-vielfalt/die-vielfalt-der-oekosysteme.html

NDR – Ratgeber: Fake News erkennen lernen. URL: https://www.ndr.de/ratgeber/medienkompetenz/Fake-News-erkennen-lernen-Unterrichtsmaterial-fuer-die-Schule,fakenews218.html

NDR Ratgeber Gesundheit – Stress abbauen: Tipps zur Entspannung im Alltag. URL: https://www.ndr.de/ratgeber/gesundheit/Stress-abbauen-Tipps-zur-Entspannung-im-Alltag,achtsamkeit104.html

Ökoleo – Ökosysteme: Bedeutung und Funktionen. URL: https://www.oekoleo.de/lexikon/details/oekosystem/

Olderdissen, Milla; Olderdissen, Christine; Kubitza, Wiebke (Illustrator): Jeder hat das Recht: Fakten, Fälle und Gedanken zum Grundgesetz | Sachbuch über Grundrechte ab 12.* 28. Juli 2023.

Oracle.com – What is IoT? URL: https://www.oracle.com/de/internet-of-things/what-is-iot/

Österreichische Beamtenversicherung – Vegetarische Ernährung: Informationen und Tipps. URL: https://www.bvaeb.at/cdscontent/?contentid=10007.840436&portal=bvaebbportal

Persen.de – Musikgeschichte. URL: https://www.persen.de/media/wysiwyg/Zusatzmaterial/23317_Download.pdf

Perspektiven Finden – Sinnloses Wissen: Kurioses und unterhaltsames Faktenwissen. URL: https://www.perspektiven-finden.com/tipps/unnuetzes-sinnloses-wissen

Philipps, Benjamin: Unnützes Wissen für Sport und Fitness Fans: 350 spannende Fakten aus der Welt des Fitness, Ernährung und Sports | Ein besonderes Geschenk für alle Sportler. 11. November 2023.

Placetel Ratgeber – Virtuelle Kommunikation: Arten und Bedeutung. URL: https://www.placetel.de/ratgeber/virtuelle-kommunikation

Plan.de – Politik einfach erklärt. URL: https://www.plan.de/themen-einfach-erklaert/politik-einfach-erklaert.html

Planet Schule – Mona Monete: Hintergrund. URL: https://www.planet-schule.de/schwerpunkt/mona-monete/hintergrund-406.html

Planet Wissen – Börse von A bis Z. URL: https://www.planet-wissen.de/gesellschaft/wirtschaft/boerse/boerse-a-bis-z-100.html

Planet-schule.de – Die Zeit – Film. URL: https://www.planet-schule.de/schwerpunkt/nie-wieder-keine-ahnung-malerei/die-zeit-film-100.html

Planet-wissen.de – Anfänge des Films. URL: https://www.planet-wissen.de/kultur/medien/anfaenge_des_films/index.html

Prautzsch, Lukas: Das Finanzbuch für Kinder und Jugendliche – alles was du über die Börse und das Investieren wissen musst – kinderleicht erklärt. 12. Dezember 2021.

Quarks.de – Mathematikunterricht: Ist das wichtig oder kann das weg? URL: https://www.quarks.de/gesellschaft/bildung/mathematikunterricht-ist-das-wichtig-oder-kann-das-weg/

Reinermann, Paulina: Das XXL Vegetarisch Für Teenager Rezeptbuch: Mit 100 tollen und schnellen Rezepten für Vegetarier! Inkl. Farbfotos. 25. Februar 2024.

Rohwer, Björn; Sachbuch, Loewe: Unnützes Wissen für Gamer: 555 verrückte Fakten über Videospiele – Geniales Gaming-Wissen für alle Videospiel-Fans – Aktualisierte Ausgabe mit neuen Fakten! 13. März 2024.

Roth, Ruby: Warum wir keine Tiere essen: Ein Buch über Veganer, Vegetarier und alles Lebendige. 7. Juni 2010.

Rottmann, Eva: „Mats & Milad. Oder: Nachrichten vom Arsch der Welt". Berlin: Verlag Jacoby & Stuart. 22. Februar 2021.

RPI Loccum – Pelikan 4/17: Globale Wirtschaft. URL: https://www.rpi-loccum.de/material/pelikan/pel4-17/4-17_krehn

Schmid, Wieland: Epochen der Musikgeschichte, Heft: Mittelalter, Renaissance, Klassik, Romantik, Moderne (Im Fokus). 1. September 2020.

Schopf, Sylvia; Schulze, Marc-Alexander, et al.: Die schönsten Theaterklassiker: In Geschichten erzählt. 9. Juni 2009.

Schulportal-thueringen.de – Zeittafel Geschichte (PDF). URL: https://www.schulportal-thueringen.de/tip/resources/medien/31524?dateiname=ZeittafelGeschichte.pdf

Scribbr.de – Lerntypen. URL: https://www.scribbr.de/studium/lerntypen/

Segu-Geschichte.de – Zeittafel Geschichte. URL: https://segu-geschichte.de/zeittafel-geschichte/

Sgd.de – Ratgeber: Effektives Lernen – Lerntypen. URL: https://www.sgd.de/magazin/leben-lernen/ratgeber/effektives-lernen/lerntypen.html

SPC Verlag – Nachrichten im Internet, Teil 2: Achtung Clickbait! URL: https://www.spcverlag.de/blog/nachrichten-im-internet-teil-2-achtung-clickbait/

Sprachcaffe.de – Typisch Deutsch: Das macht die deutsche Kultur aus. URL: https://www.sprachcaffe.de/magazin-artikel/typisch-deutsch-das-macht-die-deutsche-kultur-aus.htm

Stiftung Gesundheitswissen – Gesundes Leben: Körperwissen. URL: https://www.stiftung-gesundheitswissen.de/gesundes-leben/koerper-wissen

Studyflix – Allgemeinwissen: Interessante Fakten und kuriose Informationen. URL: https://studyflix.de/allgemeinwissen/unnuetzes-wissen-5165

Studyflix – Biologie: Der menschliche Körper. URL: https://studyflix.de/biologie/menschlicher-korper-5834

Studyflix – Biologie: Mimik und Gestik. URL: https://studyflix.de/biologie/mimik-und-gestik-5968

Studyflix – Biologie: Persönlichkeitstypen. URL: https://studyflix.de/biologie/persoenlichkeitstypen-6767

Studyflix.de – Literaturepochen. URL: https://studyflix.de/deutsch/literaturepochen-3720

Studyflix.de – Was ist Wirtschaft? URL: https://studyflix.de/wirtschaft/was-ist-wirtschaft-5179

Studysmarter – Humangeographie: Europäische Kultur und Identität. URL: https://www.studysmarter.de/schule/geographie/humangeographie/europaeische-kultur/

Studysmarter.de – Kunstgeschichte: Epochen. URL: https://www.studysmarter.de/schule/kunst/kunstgeschichte-epochen/

Studysmarter.de – Lernstrategien für Schule und Studium. URL: https://www.studysmarter.de/magazine/lernstrategien-schule-studium/

Studysmarter.de – Literaturepochen. URL: https://www.studysmarter.de/schule/deutsch/literaturepochen/

Süddeutsche.de – Studie über Klischees: Typisch Deutsch. URL: https://www.sueddeutsche.de/leben/studie-ueber-klischees-typisch-deutsch-1.1000335

Sueddeutsche.de – Geschichte der Menschheit: Erste Worte vor 500.000 Jahren. URL: https://www.sueddeutsche.de/wissen/geschichte-der-menschheit-erste-worte-vor-500-000-jahren-1.1719856#:~:text=Hat%20erst%20der%20moderne%20Mensch,vor%20500.000%20Jahren%20sprechen%20konnten.&text=Es%20ist%20schwer%2C%20die%20ersten%20Worte%20zu%20finden

Superprof.de – Mathe lernen. URL: https://www.superprof.de/blog/mathe-lernen/

T-Online – Vegetarische Ernährung: Schutz des Klimas – Faktencheck und Mythen. URL: https://www.t-online.de/leben/essen-und-trinken/essen/id_100251558/vegetarische-ernaehrung-schuetzt-sie-das-klima-faktencheck-und-mythen.html

Teichmann, Jürgen; Krapp, Thilo, et al.: Die überaus fantastische Reise mit Einstein und Galilei: Astronomie und Physik genial erklärt. 29. April 2022.

Theater.de – Theatergeschichte. URL: https://www.theater.de/theatergeschichte.html

Theisen, Manfred; Häntzschel, Ole (Illustrator): Einfach erklärt – Social Media – Cybermobbing – Deine Daten im Web: Spannendes Sachbuch über Medienkompetenz und Gefahren des Internets – Für Kinder ab 10 Jahren. Loewe. 9. Februar 2022.

Urlaubsguru – Sitten und Gebräuche anderer Länder: Tipps und Empfehlungen. URL: https://www.urlaubsguru.de/reisemagazin/sitten-und-gesten-anderer-laender/

Utopia – Fleischlos groß werden: Vegetarische Ernährung für Kinder. URL: https://utopia.de/ratgeber/fleischlos-gross-werden-vegetarische-ernahrung-fur-kinder/

Verbraucherzentrale.de – Smart Home: Das intelligente Zuhause. URL: https://www.verbraucherzentrale.de/wissen/umwelt-haushalt/wohnen/smart-home-das-intelligente-zuhause-6882

Verlag nicht angegeben: Technik: Kommunikation, Verkehr, Raumfahrt, Energie. Mit Wissens-Test. Für Kinder ab 10 Jahren. 7. September 2023.

Vogue.de – Erfindungen von Frauen. URL: https://www.vogue.de/artikel/erfindungen-von-frauen

von Kessel, Carola; Wandrey, Guido: Wieso? Weshalb? Warum?, Band 67: Wir schützen unsere Umwelt (Wieso? Weshalb? Warum?, 67). 9. Januar 2018.

Watson.ch – Erfindungen von Kindern: Blindenschrift und Speck-Tablett. URL: https://www.watson.ch/wissen/leben/159268146-erfindungen-von-kindern-blindenschrift-und-speck-tablett

Weg.de – Reiseknigge: Tipps für interkulturelle Begegnungen und Verhaltensweisen. URL: https://www.weg.de/inspiration/reisewissen/10-tipps-aus-dem-reiseknigge

Welt – Andere Länder, andere Sitten: Interkulturelle Kommunikation und Verständnis. URL: https://www.welt.de/reise/gallery110100589/Andere-Laender-andere-Sitten.html

Welt.de – 50 Erfindungen, die die Welt veränderten. URL: https://www.welt.de/wirtschaft/karriere/leadership/gallery12202607/50-Erfindungen-die-die-Welt-veraenderten.html

Weltsparen.de – Blockchain. URL: https://www.weltsparen.de/
geldanlage/kryptowaehrung/blockchain/

Wendsche, Paul: Geldwissen für Teenager – 101 Fakten über Finanzen:
Hol dir die Kohle! Vermögensaufbau vom Sparen bis zum Investieren mit
greifbaren und kinderleichten Beispielen erklärt. 20. November 2023.

Willems-van der Gieth, Sandy: PROJEKT Naturwissenschaften –
Erfindungen. Kempen: BVK Buch Verlag Kempen, 2016.

Wirksam Kommunizieren – Gewaltfreie Kommunikation:
Definition und Anwendung. URL: https://wirksam-kommunizieren.de/
gewaltfreie-kommunikation-definition/

Wirlernenonline.de – Geschichte im Überblick. URL: https://
wirlernenonline.de/portal/geschichte-geschichte-im-%C3%BCberblick/

Yoga Easy Magazin – Yoga Übungen: Alles über
Entspannung im Yoga. URL: https://www.yogaeasy.de/artikel/
yoga-uebungen-alles-ueber-entspannung-im-yoga

YouTube – Video: Die Welt in 100 Sekunden: Republik. URL: https://
www.youtube.com/watch?v=nPJBykIu7Jg

ZDF.de – Wirtschaft einfach erklärt. URL: https://www.zdf.de/kinder/
logo/wirtschaft-einfach-erklaert-100.html

Zukunft-technik.de – Zukunft & Technik. URL: https://zukunft-
technik.de/

Zukunftsentwicklungen.de – Technik. URL: https://www.
zukunftsentwicklungen.de/technik.html

Zum.de – Drama. URL: https://www.zum.de/Faecher/D/BW/gym/
drama9.htm